からだを思い通りに
つくり変える方法

あなたの年齢は「意識」で決まる

ディーパック・チョプラ［著］
渡邊愛子　水谷美紀子［訳］

Reinventing the
Body,
Resurrecting the Soul:
How to Create a New You

フォレスト出版

はじめに

忘れ去られてしまった奇跡

私がインドの医大に入学して最初の学期のことです。暑苦しい解剖室へと入り、シートがかけられた遺体と対面しました。

そのシートをめくることは恐ろしかったけれど――間違いなくエキサイティングな体験でもありました。私はメスを手に取り、胸骨の上の皮膚にまっすぐ鋭い切り込みを入れました。

人体の神秘が、まさに明らかにされようとする瞬間でした。

それは同時に、遺体から神聖性を剥《は》ぎ取ることでもありました。いったんあちらに渡ってしまったらもう二度とは戻って来られない一線を、私は越えてしまったわけです。

つまり、科学の恩恵によって事実に基づいた膨大な知識は得られましたが、その一方で、豊かな精神的叡智《えいち》は失われてしまったのです。

なぜこの両者は両立できないのでしょうか？

両立するには、創造的思考という跳躍が、つまりブレイクスルーが必要となるでしょう。

私はこのブレイクスルーのことを「体の再発見」と呼んでいます。あなた自身、自覚されていないかもしれませんが、体とはそもそも、発見されたものなのです。

どんな医学雑誌でもいいので、読んでみてください。おそらく完全に人為的に作られた概念をたくさん見つけることでしょう。

ある日、私は腰を据えて、医大で教えられた「信じるべき学説」をリストアップしてみました。するとそれは、次のような、あやしげな主張の長い一覧となったのです。

- 体とは、可動部品で組み立てられた機械であり、その他すべての機械と同様に時間の経過とともに劣化していくものである

- 体とは、常に汚染や病気というリスクにさらされている。劣悪な環境は体に侵入し、免疫の防御反応を打ち負かそうとする菌やウイルスで満ち溢《あふ》れている
- 細胞と臓器はそれぞれが分離した存在なので、別々に研究されるべきである
- ランダムで一貫性のない化学反応が、体内で起きるあらゆることを決定付ける
- 脳は、心の操作が可能な生化学反応と無数の電気信号を結びつけることによって心を創造している
- 記憶は、脳細胞の中に保存される。しかし記憶がどのように、どこで保存されているのか、いまだ発見されてはいない
- 非物質的なものは現実ではない。現実とは、原子や分子に帰着する

●遺伝子がわれわれの行動を決定する。マイクロチップのように、遺伝子は体に何をすべきか命令するようプログラムされている

●体に関するすべては、生存のため、つまり配偶者を見つけて繁殖するという究極のゴールのために進化してきた

私は当初、これらの学説は非常に説得力があると感じていました。医者として診察し、治療してきた体と一致する内容だったのです。

患者たちは、「部品」を摩耗させ、当時救急外来を担当していた私のところにやってきました。私は彼らの症状を、処置を施せる程度にまで改善することができました。侵入してくるバクテリアを排除するために抗生物質を処方したりしました。

それでも、こうした人々の誰もが、故障し、修理を必要とするような機械とは無関係の人生を送っていたわけです。彼らの人生は、意味や希望、感情や憧《あこが》れ、愛や苦しみに満ちたものでした。

機械なら、そんな人生を送るわけがありません。もしくは臓器の集合体だとしたら、

そのような人生を送らないでしょう。

ほどなくして私は、科学のレンズを通して体を見ることは不適切であり、また不自然だと思うようになったわけです。

間違いなく、体は再発見される必要があります。意味ある人生を送るためには、体を使わなければなりません――体がなくては何も経験できないのです――だからあなたの体も「意味あるもの」であるべきなのです。

最も高次な意味、目的、知性、そして創造性を体に与えているものは何でしょう？　それは私たちの中の神聖な側面です。このことについては本著の続編で「魂を復活させる」というテーマで詳細を説明しています。

私は宗教的な用語をあまり使いたくありません。なぜなら、宗教的な用語は感情的問題に満ちているからです。

しかし「魂」を避けて通ることはできません。90％の人々が、人間には魂があり、魂こそ人生に究極の意味を与えてくれると信じています。

魂は神性です。魂が、私たちを神とつなげています。人生が「愛」「真実」「美」を有する限り、魂こそが、そうした特性の源であると考えているのです。完璧《かんぺき》な理想の恋人のことを魂の伴侶《ソウルメイト》と呼ぶのも偶然ではありません。

魂と体の間では常に情報交換のようなフィードバックが行われています。私たちはその両者の間に分離を作り出しました。そして分離こそ現実であると信じるようになってしまったのです。

あなたは、恍惚感《こうこつかん》も神の存在も感じたことなどないと反論するかもしれません。そうだとしたら、私たち人類が魂を宗教的な意味合いに限定し、狭い範囲でとらえていることを反映しているだけに過ぎません。あらゆる文化における叡智の伝統を詳しく調べてみれば、魂にはもっと他の意味があることに気づくでしょう。

魂こそ生命の源であり、死んでいるものに命を吹き込む火花のようなものなのです。魂は心と感情を作り出します。言い換えれば、魂とは、経験の礎《いしずえ》ともいうべき存在なのです。魂は、あらゆる瞬間に姿を現し、創造をもたらす導管もしくは通信ルートとして機能しています。

こうした高遠な考えがなぜ重要になるかというと、魂が行うすべてのことは、体の中で起きるプロセスへと変換されているからです。あなたは、文字通り、魂なくして体を持つことはできません。これこそが「忘れ去られてしまった奇跡」です。私たちは皆、魂によって作られた体なのです。

私が皆さんに証明したいのは、体は再発見されることを必要としており、皆さんはそれを成し遂げるパワーを持っているということです。

妙に聞こえるかもしれませんが、これまで何世代にもわたって、体は不当な扱いを受けてきました。科学が発達する前の時代においては、体はあまり重要視されておらず、不衛生な環境やひどい食べ物を与えられ、さまざまな要素から防御されていない状態にありました。このように、苦痛と病気に満ちた、短命で惨めな人生を送るのが当然の時代でした。

これこそまさに体が引き起こしたことです。当時の平均寿命は30歳ほどで、子ども時代にかかった病気を生涯ひきずりました。

こうした人生観がもはや過去のものとなった今、あなたも私も大いに恩恵を受けているわけです。

体に対する期待が大きくなるにつれて、体を不当に扱うこともなくなりました。今、あなたの体は、意味や意義との再結合、魂のより深い価値との再結合を実現するであろう、次なるブレイクスルーの準備が整いました。

体から「愛」「美」「創造性」「インスピレーション」を奪い取る理由などありません。あなたも聖人たちと同じような恍惚感を味わうことを望み、実際に味わったとき、あなたの細胞も同じ恍惚を感じるでしょう。

一人ひとりの人生は、完全な経験となるよう意図されています。しかし人々は身体的問題や精神的問題でもがき続け、体と魂のつながりが分断されてしまっているのではないかという根本原因をなかなか探ろうとしません。

私は、そのつながりを復活させたいという希望を持って、この本を書きました。

私は今、皮膚の下の神秘を明らかにするために初めてメスを握ったあの日の自分と同じぐらいやる気に満ち溢れ、楽観的であり、私の楽観主義はスピリットにまで広がっています。

世界は癒《いや》しを必要としています。あなたが自分の魂を目覚めさせるように、人類は世界の魂を目覚めさせています。癒しの波が私たちを覆い尽くす日も近いかもしれません。最初は小さな波かもしれませんが、それはひとつの世代のあらゆる期待をはるかに超えるほどのうねりになる可能性を秘めた波なのです。

breakthrough #4
あなたは遺伝子を「改善できる」

breakthrough #5

時間はあなたの「敵ではない」

あなたの今の体の状態を知るチェックリスト

ブレイクダウン―破壊―から
ブレイクスルー―突破―へ

誰にとっても、体とは、時を経《へ》るごとに問題を抱えるようになっていくものです。子どもの頃は自分の体が大好きで、めったに体について考えることもありません。しかし、年をとるにつれて、もっともな理由で体に対する愛情は冷めていきます。多くの病気や苦痛を治療するのに何十億ドルもお金が使われ、さらに何十億ドルものお金が、実際よりも自分を美しく見せるための化粧品に無駄に使われています。

率直に言って人間の体とは不完全なものですし、これまでもずっとそうでした。体を信頼することもできません。なぜなら、しばしば前触れもなく病気にかかるからです。体は時間の経過とともに劣化し、最後には死んでしまいます。

ここで、このような問題に真剣に取り組んでみましょう。生まれたときに与えられた肉体で何とかやりくりするのではなく、まったく新しい体へのアプローチ方法となる、ブレイクスルーを探そうではありませんか。

ブレイクスルーは、ある問題について斬新《ざんしん》な考え方をし始めるときに起こります。最も大きなブレイクスルーは、何の制約もない考え方をし始めたときに生じるのです。

鏡の中に映っている自分の姿からいったん目をそらしてみてください。もしあなたが火星人で、体が時間の経過とともにどのように老いて、衰えていくか見たことがなかったとしたら、まったく逆に、体は時間の経過とともにだんだんよくなっていくものだと信じるかもしれません。

生物学的に見ると、体が不完全である理由などないのです。この観点からスタートしてみましょう。あなたの心から古い思い込みを消し去ってください。今あなたは、状況を完全に変化させるブレイクスルーや画期的な考えを自由に享受することができるのです。

あなたの体に際限はありません。あなたは、宇宙全体のエネルギー・創造性・知性を受け取って伝えている存在です。

今この瞬間、宇宙はあなたの耳を通して聞き、あなたの目を通して見、あなたの脳を通して経験しています。

あなたがここにいる目的は、宇宙を進化させるためなのです。

これらは決してとっぴな考えではありません。人類の体は、すでに宇宙の中で最も進化した実験の場なのです。

あなたも私も、生命の最先端にいます。生き残りの最大のチャンスは、その事実を受け入れることです。地球上の他のどの生命体よりも急速な進化のおかげで、今日、私たちの健康はますます向上し、寿命は長くなり、創造性は溢れんばかりになり、科学はどんどん急速に進歩するという可能性のビジョンを持てるようになったのです。

私たちの肉体的進化は、20万年前に止まりました。あなたの肝臓、肺、心臓、腎臓《じんぞう》は、原始人たちのものと同じです。実に、人間の遺伝子は、その60%がバナナの遺伝子と同じです。そして、90%はネズミの遺伝子と同じで、99%がチンパンジーの遺伝子と同じなのです。

言い換えれば、私たちを人間たらしめているその他すべてのものは、肉体的進化というよりは、はるかに非物質的進化によるものです。私たちは、自分自身を発明、発見し、その過程で肉体を一緒に連れてきたのです。

どのように自分自身を発明、発見したのか

あなたは生まれたその日から、ずっと自分の体を発明、発見してきましたが、わざわざそう考えない理由は、そのプロセスがごく自然に生じてきたからです。その自然なプロセスを当たり前のことだと思うのは簡単ですが、それが問題です。

今日、あなたが自分の体の欠点だと思っているものは、生まれつきのものではありません。それは、遺伝子によってもたらされた弱点でも、自然が犯した過ちでもありません。あなたが行ってきた選択のひとつひとつが、意識的であれ、無意識的であれ、あなたが創造した体の中で作用してきたのです。

次に挙げるのは、あなたがこれまでに起こしてきた、そしてこれからも起こし続ける

身体的変化の一覧です。ごく基本的なものに限定しましたが、すべて医学的根拠があり、あなたの体のあらゆる部分が含まれています。

- 新しいスキルを身につけるたびに、脳内で新しい神経回路網が作られる
- 新しい考えが浮かぶたびに、脳内活動の独自のパターンが作られる
- 気分の変化は「伝達分子」を通じて全身に運ばれ、各細胞の基本的な化学的活動を変化させる
- 運動するたびに、骨や筋肉が変化する
- 何かを食べるたびに、日々の代謝、電解質平衡、筋肉に対する脂肪の割合が変化する

- 性行為や子どもを作るという決意は、ホルモンバランスに影響を与える
- 自分のストレスの度合いによって、免疫システムが強まったり弱まったりする
- 何も活動していない時間は、一刻一刻と筋肉を委縮させる
- 遺伝子は思考や感情に波長を合わせ、願望や欲望に応じて不可思議な方法でオンとオフを切り替える
- 免疫システムは、人間関係における愛情の有無によって強まったり弱まったりする
- 悲しみ、喪失、孤独という危機は、病気や短命のリスクを高める
- 心を使うと、脳は若く保たれる。脳を使わないと、脳の劣化につながる

このような手段であなたは自分の体を発明してきましたし、またいつでも望むときに再発見することができます。ここでの明白な疑問は、数々の問題が長いこと私たちの目の前にあったにもかかわらず「なぜ私たちはこれまで自分の体を再発見してこなかったのか？」ということです。

その答えは、パズルの小さなピースをはめ込んでいることのほうが、全体を見るよりもずっと簡単だからです。医学は各専門領域に分かれて実践されています。

もしあなたが恋に落ちたら、内分泌学者はあなたの内分泌系でストレスホルモンが減少したと言うでしょう。精神科医は、気分が向上していると報告し、神経科医はそれを脳スキャンによって確認することができます。栄養士は、食欲減退について心配するかもしれませんし、一方で、いざ何かを食べれば、いつもよりも消化力が高まっているのです。

このような感じで、全体像は決してわかりません。

さらに複雑なことに、体は非常に変わりやすく、見事なマルチタスクぶりを発揮しているので、変容を促すために踏み出すべき一歩があると想像するのも難しいのです。

さて今、あなたは恋をしているかもしれません。妊娠しているかもしれません。田舎道を走っているかもしれませんし、新しい食事法を試しているかもしれません。睡眠時間を削っているかもしれませんし、睡眠時間が増えたかもしれません。仕事がうまくいっているかもしれませんし、うまくいっていないかもしれません。

あなたの体は、まさしく動く宇宙なのです。

自分の体を再発見することは、宇宙全体を変化させることになります。

そして体に部分的に対処することは、木を見て森を見ないことになります。自分の体重にこだわる人もいれば、マラソンのためにトレーニングをする人もいます。またある人はヴィーガン（完全菜食主義者）の食生活をしており、その彼女の友人は更年期障害に直面していたりします。

トーマス・エジソンの発明は、石油ランプを改良することではありませんでした。彼は、先史時代以来、人間が生み出した唯一の光源であった火の使用をやめ、新たな源を大発見したのです。それは創造性における飛躍的進歩でした。

もしあなた自身が自分の体の創造主であるのなら、あなたを待ち受けている飛躍的進歩とはどんなものでしょうか？

源に還《かえ》っていく

もしエジソンを私たちのお手本にするなら、体に関する最後の偉大な再発見は、ある原則にしたがっていました。

● 体は物体である
● それは、複雑な機械のように組み立てられている
● 機械はいずれ壊れる
● 体という機械は、分子レベルでは同様に小さな機械としての細菌や微生物に常に攻撃されている

しかし、これらはすべて時代遅れな考えです。

もしもいずれかの仮定が真実であるとしたら、電磁波過敏症など起こりえないでしょう。これは、最近現れた新しい症候群で、ただ電気のそばにいるだけで不具合や痛みを引き起こすというものです。

電磁波過敏症は、少なくともひとつの国では非常に深刻にとらえられており、たとえばスウェーデンでは、電磁波過敏症と診断されると自宅を電磁場から遮断するために補助金が出るほどです。

携帯電話が体に悪いという広く流布する恐怖は、まだ確定したわけではありませんが、電磁波過敏症というものが存在するのかどうかを調べることは、ずっと簡単なように思えました。

ある実験で、被験者が電磁場の中に入れられ（私たちは、電子レンジ、ラジオ波やテレビ信号、携帯電話での通話、電線といったかたちで日常的に電磁場に囲まれているのですが）、電磁場がオンになったりオフになったりするたびに、どのように感じるか質問されるものでした。

そこからわかったのは、正確に電磁波を感じられた人はいなかったということです。

自分は電磁波過敏症だと主張する人々も、そうではない人より敏感に反応することもなく、結局当てずっぽうに過ぎないということがわかりました。

しかし、これで問題が解決したわけではありませんでした。追跡実験において、被験者は携帯電話を与えられ、耳に当てたとき、痛みや不快を感じるかどうか聞かれました。すると、電磁波過敏の人々は、鋭い痛みや頭痛を含むさまざまな不快感を訴え、MRIでその脳を見ることによって、彼らが真実を話しているとわかりました。

つまり、脳内の痛みを処理する中枢が活発化していたのです。

問題なのは、その携帯電話は偽物であり、いかなる電気信号も出していなかったという点です。したがって、ある種の人々にとって「痛くなるかもしれないという予測」だけで痛みを生み出すには十分であり、彼らが次に、本物の携帯電話を使うときには、電磁波過敏の症状に苦しむことでしょう。

心因的な影響だとして片づけてしまう前に、一息ついて、じっくり考えてみましょう。もし誰かが、自分は電磁波過敏症であると言うなら、そして脳も電磁波過敏症であるかのように作動するのなら、その症状は本物です――少なくともその人にとっては。

心因性の症状は、それを経験する人にとっては現実なのです。しかし、彼らがその症状を作り出したというのも事実です。実際にずっと大きな現象が作用していて、新しい症状が表れたり消えたりするのも、新たに作り出したものかもしれないということです。

もうひとつの例は、拒食症や過食症のような摂食障害です。一世代前には、このような疾患は稀《まれ》でした。

それが今や、とりわけ10代の女子に特有の疾患になっているようです。生理前症候群（PMS）は、以前は大いに注目されていましたが、今では影が薄くなっているようです。カミソリやナイフで皮膚に浅い傷をつける自傷行為は、患者の多くは若い女性で、以前はほとんど注目されていなかったのですが今では増えています。

このような新しい疾患が現れたとき、医者たちはまずその患者が本来は想像上のものである病気を作り出したか、もしくは精神異常によるものであるという対応をとります。しかし、疾患が広がって、患者が病気を発現させるスイッチをオフにすることができないことがわかると、もう結論はひとつしかありません。自分で作り出した症状も、本物であるということです。

機械は新しい疾患を作り出すことなどできません。体が機械であるという考え方自体がもともと不完全なのです。もしあなたが長時間、車を運転したら、その作動部分は摩擦によってすり減ります。

しかしあなたが筋肉を使えば、筋肉は使えば使うほど強くなります。機械の場合、「使わない」という状態は、新品同様の状態を保つことができますが、私たちの体の場合は退化を招くのです。

関節がきしんで関節炎を起こしたりすると、機械の摩耗した作動箇所にたとえるのにぴったりなように思えますが、関節炎自体は、単なる摩擦ではなく、多くの複雑な不調が重なって引き起こされるものなのです。

一生のうちに体が老朽化していくという考えはまだ変わっていませんが、対症療法だけは施《ほどこ》されてきました。では私たちの体が機械でないとしたら、この体はいったい何なのでしょう？

あなたの体全体は、生きることを支えるホリスティックでダイナミックな――全体的で動的な――プロセスそのものです。あなたはそのプロセスを管理する担当者なのですが、この重要な任務にどう取り組むべきかという知識は誰からも与えられていません。だからこそ、この任務は想像を絶するほどスケールが大きく、すべてを網羅し、終わることがないのかもしれません。

生命のプロセス

今この瞬間あなたの体は、細胞レベルにおいて何十万という化学変化を融合させながら絶え間なく流れている川のようなもので、一瞬たりとも同じ状態を保っていません。そして体の中で起こっている変化は、決して当てずっぽうではなく、命を前進させて過去の最善のものを保持するという目的を常に果たしています。

あなたのＤＮＡは、進化の全歴史が記録されている百科事典のようなものです。あなたが生まれる前に、ＤＮＡはあらゆる知識が準備万端に整っているか確認するためにその百科事典にざっと目を通しました。

胎芽は、子宮の中で生命の最も原始的なかたちである単細胞としてスタートし、それらの細胞がゆるやかに集まった塊《かたまり》へと成長します。

そして胎芽は徐々に、魚類、両生類、下等哺《ほ》乳類《にゅうるい》という進化段階をたどります。原始的なえらが現れ、そして後に、肺ができるとえらはなくなります。

赤ん坊がこの世に生まれ出るときには、進化は進み過ぎてしまっています。脳は新生児にしてはあまりに複雑で、配線の多過ぎる電話システムのように、何百万という不要なニューロン結合ができあがっているのです。

生まれて最初の数年間は、その何百万という過剰な結合を整理しながら、自分を作るために機能するものを保持して不要なものは捨て去ります。

しかし、その時点で身体的な進化は未知の分野に到達しています。なぜならあなたの遺伝子に自動的に埋め込まれているわけではない「選択」が行われる必要があったからです。

この時点での赤ん坊は未知なる世界の最先端にいて、その遺伝子には百科事典の古いページはもう残っていません。あなたは次のページを自分で書かなければならなかったのです。

そうしていくうちに、完全に固有の人生を形成するというプロセスが始まり、あなたの体も足並みをそろえたのです。遺伝子は、あなたがどう考え、どう感じ、どう行動するかに適応してきました。

あなたはおそらく、完全に同じＤＮＡを持って生まれた一卵性双生児が、大人になると遺伝学的見地からは非常に異なって見えるということをご存じないでしょう。

つまり、各自の成長過程でスイッチがオンになる遺伝子もあれば、オフになるものもあるということなのです。

70歳になる頃までには、二人の双子の染色体画像は、まったく違ったものになります。異なる生き方をすると、遺伝子もそれに適応していくのです。

「歩く」といった単純な技能を例にとってみましょう。

よちよち歩きの幼児は、ぎこちなく一歩一歩踏み出すにつれ、脳を変化させ始めます。前庭系として知られる、平衡感覚を司《つかさど》る神経中枢が目覚め始め、活発な動きを見せるようになります。

これは、子宮内では発達させることのできない、脳のひとつの部位なのです。よちよち歩きの幼児が一度歩くことをマスターすると、前庭系がその機能をつかさどるフェーズを完成させます。

後に大人になってから、車を運転したりオートバイに乗ったり、平均台の上を歩けるようになりたくなるかもしれません。脳は、たとえ大人になっていても、変化を止めることはありません。

むしろその反対で、新しいことを学びたくなるとき、脳はあなたの欲求にしたがって変化するのです。バランスをとるといった基本的な機能は、微調整と訓練によって、土台となるレベルをはるかに超えることが可能なのです。

これは、心と体のつながりによる奇跡です。あなたは、すでにできあがった、もう変化しない存在ではありません。あなたの脳は流動的かつ柔軟で、かなり年をとっても新しい結合部を作り出すことができます。脳は衰えるどころか、進化のエンジンなのです。身体的な進化が止まったように見えるところにも、実際に可能性の扉は開いていたのです。

私はあなたをその扉の向こうへ連れていきたいのです。なぜなら扉の向こうには、あなたが想像したこともないような世界が広がっているからです。あなたは、あなたなくしては日の目を見ることのできない隠された可能性を解き放つべく存在しているのです。

これまで人類が見せてきた中でもおそらく最もすばらしいバランス技のイメージが、心に思い浮かびます。あなたも写真で見たことがあるかもしれません。

1974年8月7日、フィリップ・プティというフランスの大道芸人が、世界貿易センタービルのセキュリティを破りました。彼は屋根のてっぺんまで上り、共謀者たちの助けを借りて、ふたつのタワーの間に200キロもの重さのケーブルを張りました。

プティは、8メートルの棒を持ってバランスを保ち、43メートルもの長さのケーブルの上を歩きました。ふたつのタワーはしなっていました。

風は強く、彼の足下には104階分の高さがあり、それは距離にすれば400メートルにもなりました。プティは、自称プロの綱渡りアーティストであり、自分の体とバランス能力を新たなステージに引き上げたのです。

普通の人々を震え上がらせるようなことが、ある人間には普通のこととなりました。ようするに、プティは進化の最先端にいたわけです。彼は、直径が2センチしかないワイヤーの上を8回も横断しました。途中でプティはワイヤーの上に座ったり、横たわったりもしました。彼は、これが身体的技巧を超越したものであると自覚していました。

とてつもない集中力が要求されるため、プティは、自分がしていることを注視する神秘的な力を発達させました。彼は、一瞬たりとも恐怖心や注意散漫さが入り込むことを許さず、集中力を保たなければなりませんでした。

脳は通常、このように何ものにもゆらぐことなく集中するのは不可能で、心の中では注意散漫さが好き勝手にうごめいているものです。恐怖心は、少しでも危険を察知したら、自動的に反応します。

しかし一人の人間の明確な意図があれば十分でした。脳と体は順応し、進化は未知の世界へと前進したのです。

ブレイクダウン―破壊―は終わりにして ブレイクスルー―突破―のみに

あなたは、今この瞬間、進化の成長点に立っています。あなたが次に考えることや、次にとる行動は、新しい可能性を作り出すか、過去を繰り返すかのどちらかです。成長の可能性の領域は計り知れないほど大きいにもかかわらず、ほとんど見過ごされています。

進化した先に広がっている世界はどのようなものなのでしょうか。私はそれを知るために、ある一覧を作ってみる価値があると感じました。紙を取り出して、できるだけ迅速に自分の人生において成長する必要がある側面をすべて書き出してみたのです。

自分に限界を設けずに「私が経験したかったこと」「私をひきとめてきた障害」「私が実現したかった理想」をすべてリストアップしました。私が思いついたことは次の通りです。

もしあなたが、宇宙はあなたに次にどこへ行ってほしがっているかを知りたいのなら、このような一覧はその選択肢をたくさん提供してくれるでしょう。

あなたの魂は、ここに挙げた領域のどこにでも順応することができるエネルギーと知性を体に注いでいるのです。

たとえば「愛」を例にとってみましょう。今、あなたは恋愛中か、失恋したか、愛について考えているか、愛をもっとほしがっているか、愛を周囲に広げているか、もしくは愛の喪失に嘆いているかです。こうした精神活動のすべてが、それが意識的であれ無意識であれ、体に影響を及ぼしています。

心臓麻痺《まひ》で亡くなった夫の死を嘆き悲しんでいる未亡人の生理機能は、恋に落ちたばかりの若い女性の生理機能とは非常に異なります。採血すれば、ホルモンレベル、免疫反応、脳が体に情報を送るのに用いるさまざまなメッセンジャー分子の発現量を分析することによって、その違いを、大まかに測定することができます。

愛
死
変容
死後の世界
無邪気
恩寵《おんちょう》
復活
喪失
不安
恐怖
直観

危機
エネルギー
信頼
抵抗
罪悪感
希望
欠乏
信仰
意図
ビジョン
利己主義

啓発
パワー
コントロール
放棄
許し
拒絶
遊び心
感謝
無限
時間の超越
行動

欲望
動機
カルマ
選択
脆弱《ぜいじゃく》
幻想
自由
存在感
執着を手放す
注目
静寂
ただ在《あ》る

さらに微細なレベルでは、MRIをとれば特定の感情が起きると脳のどの部位が光るかを見ることができるでしょう。

しかし、悲しみと愛はまったく異なるものだということは明らかで、あなたの体のすべての細胞がそのことを知っているのです。

あなたが一度、いくつのブレイクスルーを起こしたいか認識したなら、難しい点は、どれから始めるかという選択です。これこそ人々が、自分の進むべき道へと導いてもらうために偉大なスピリチュアルマスターたちに頼ってきた理由なのです。

もしも新しい医師に診察してもらいに行ったら、その医師がイエスか仏陀《ぶっだ》だったと想像してみてください。

あなたが胃痙攣《いけいれん》を訴えても、イエスは、

「ただの風邪ですよ。本当の問題は、あなたが内なる神の王国をまだ見出《みいだ》していないということなのです」

と言うかもしれません。

心臓機能の検査を行った後で、仏陀は

「冠動脈に軽度の閉塞《へいそく》が見られますが、ぜひともあなたにやってもらいたいことは、分離した自己という幻想を乗り越えることです」

と言うかもしれません。

現実世界では、このようなことは起こりませんね。医師たちは専門家として訓練されていますので、あなたの魂について考えたりはしませんし、ましてや魂を癒してくれるわけもありません。

医師に診てもらうということは、車を修理工のところへ持って行き、ちゃんと走らない理由を尋ねるようなものです。

イエスと仏陀は、人生のいかなる局面も見過ごしませんでした。彼らは、その人全体を診断したのです。身体面・精神面・感情面・社会的側面を含む全体を、非常に正確な洞察力でもってとらえたのです。

あなたの魂は、理想的な医師としての機能を果たすことができます。なぜなら、魂はあなたと宇宙の接合点に存在しているからです。イエスと仏陀がどこから来たのであろうと、あなたはそこへ行くことができるでしょう。

その秘訣《ひけつ》は、あなた自身の扉を開くことです。あなたは、次のブレイクスルーがどこから来るのか決してわかりません。

扉が開き、その瞬間から、あなたの人生は変容するのです。

質問：あなたは変化する準備ができていますか？

私たちはみな、体について時代遅れの考えを持って生きてきましたが、変化の気運は高まりつつあります。従来の考え方は、さまざまな衰弱の兆候を見せています。あなたもこうした変化とともに変わりつつあったでしょうか？

次の質問は、あなたが個人的な変化に対してどれぐらい受容力があるかを省察するものです。

私たちは皆、変化に対してよりオープンになることができますが、その旅が始まる前に出発点を知っておくとよいでしょう。

■ 次の一連の質問に、「はい」か「いいえ」で答えてください。

心が体に影響を与えると信じている

○はい ○いいえ

担当医が説明できないような驚異的な回復を遂げた人々がいることを信じている

○はい ○いいえ

自分の体に何か症状が現れると、代替医療を求める

○はい ○いいえ

手を当てる癒し《ヒーリング》は、リアルな現象だ

○はい ○いいえ

人は、身体的な原因がなくても自分を病気にすることができる

○はい ○いいえ

癒しの存在を信じるために、この目で確かめる必要はない

○はい ○いいえ

伝統医療は、科学的医学が未発見のことをいろいろ知っている

○はい ○いいえ

- 自分の考え方で、自分の遺伝子を変えることができる
  - ○はい
  - ○いいえ
- 人間の寿命は、遺伝子によって決定されているわけではない
  - ○はい
  - ○いいえ
- 科学者は、老化の遺伝子というものをひとつも発見できないだろう。老化のプロセスはあまりにも複雑過ぎる
  - ○はい
  - ○いいえ
- 脳を使うと、老化が防げるだろう
  - ○はい
  - ○いいえ
- 私は自分ががんになるかどうかを左右する能力を持っている
  - ○はい
  - ○いいえ
- 体は自分の感情に反応する。感情が変化すると、体も変化する
  - ○はい
  - ○いいえ
- 老化は心理的な要素が多くを占めている。老化を早めるか、遅らせるか、決めているのは自分の心だ
  - ○はい
  - ○いいえ

私は概して自分の体に満足している

○はい　○いいえ

自分の体が自分を裏切ったりするとは感じない

○はい　○いいえ

衛生に気を使っているが、細菌は自分にとって大きな問題ではない

○はい　○いいえ

少なくとも一度は自分で自分を癒したことがある

○はい　○いいえ

少なくとも一度は東洋医学（鍼《はり》、気功、アーユルヴェーダ、レイキなど）を体験したことがある

○はい　○いいえ

効き目のある生薬を使ったことがある

○はい　○いいえ

瞑想《めいそう》その他のストレス解消法を用いたことがある

○はい　○いいえ

祈りには、癒しの力がある
○はい ○いいえ

奇跡的な治癒は可能で、筋が通っている
○はい ○いいえ

私の体は10年後も、今のように健康である見込みは高い
○はい ○いいえ

平均的な老人は7種類の処方薬を飲んでいるが、自分は70歳になってもまったく薬を飲んでいない気がする
○はい ○いいえ

はいの数の合計 (　　)

「はい」の数が0～10個の場合

あなたは「体とは遺伝子または老化という機械的なプロセスによって基本的に固定されている」という従来の観念を受け入れており、自分は年をとるにつれて劣化するものだと信じています。

代替医療に対する信頼はきわめて低く、疑念のほうが大きいかもしれません。「ヒーラー」たちを信用しておらず、いわゆる奇跡の治癒といったものを詐欺か自己欺瞞《ぎまん》だとみなします。

現代医学や科学的なことを信頼していて、医師が治療してくれることを期待しますが、自分の体にさほど気を使っておらず、体に異常が見つかると宿命だから仕方がないと感じる傾向があります。

もし大きなブレイクスルーの可能性が現れたら、あなたは自分の人生に大きな変化を起こすことについて及び腰になるでしょう。

「はい」の数が11～20個の場合

あなたは経験を通して体に関する社会通念から抜け出しました。変化も受け入れ、ヒーリングに対する考えも柔軟です。

あなた、もしくはあなたのまわりの人々は、何らかの効果的な代替療法を試したことがあり、もはや現代医学だけが唯一の治療法であるとは信じていません。

しかし手を当てるヒーリング等の効果には疑念を抱いているかもしれません。

概して、あなたは体に関する理解において、西洋医学の考え方より満足のいくものをまだ見つけていません。

しかし慣例に従っていないアプローチは有効であると気づいています。

あなたは、自分の人生に大きな変化を起こす可能性に魅力を感じていますが、どの道が自分にとって正しいかまだ決めていません。

「はい」の数が21～25個の場合

あなたは古いパラダイムを捨て去ろうとして、意識的に努力をしてきました。

あなたは代替療法をしっかり受容しています。

あなたは全体を診《み》るホリスティック医学を試した後で初めて、従来の治療法（現代医学）を検討します。従来の治療を受けるときも、薬や手術に対して慎重です。体についての考え方は、自分が真剣に取り組んでいるスピリチュアルな旅と結びつけたものである傾向があります。他にも高次の意識を探求している人々と共鳴しています。手を当てるヒーリング等を心から信頼しています。

あなたは、いかなるかたちの物質主義も、人生のより深い神秘を本当に見抜くことはできないのではないかと考えています。あなたは、個人的変容を人生の主な目的としていて、できるだけ素早く変化したいと考えています。

breakthrough #1

あなたの物理的な体は「フィクション」である

ブレイクスルーは大胆な発想から生まれるもの。ですから最も大胆なところから着手してみましょう。

あなたの物質的な体は、自分でも常にそれが実在していると思いこんでいるのですが、本当のところはフィクションなのです。

あなたの物質的な体とは、あなたの心が頑《かたく》なにしがみついている思考であるということがわかれば、とてつもないブレイクスルーが起こるでしょう。あなたはもう物質の塊の中に閉じ込められることはなくなります。とりわけ、自分の体について、ずっと好ましいとらえ方が自由にできるようになるでしょう。

確かに、五感が私たちの物質としての存在を裏付けているように見えます。「温かく柔らかい肌に触れることはただの思考に過ぎない」と認識するのは不安なことかもしれません。しかし実際、それは思考に過ぎないのです。

初期のキリスト教信者たちにとって、体とはスピリットから作られた肉体であり、肉体的な部分は幻想でした。温かい肌に触れることは、誘惑に触れることでした。

ネイティブアメリカンのホピ族にとっては、全宇宙はエネルギーとスピリットの流れであり、体はその流れの中の一時的な現象です。温かい肌に触れることは、ひと筋の風に触れるようなものでした。

仏教徒たちは「無常」と「幻想」というふたつの概念を結びつけました。仏教徒にとって体とは実体のない川のようなものであり、体に固執することがすべての苦しみの始まりでした。温かい肌に触れることは、幻想へと深く深く沈んでいくことでした。

このような考え方は、あなたが「もの」としての物質的な体を持っていると思うのと同じぐらいもっともなことであり、そして単純な事実を提示しています。つまり「人間が物質界に属しているように見える」ということについて、何らかの疑念が常に存在してきたということです。

岩は物質ですが、感情を持ちません。樹《き》は物質ですが、意志を持ちません。どんな細胞も物質でできていますが、細胞は音楽を作ったり、芸術を生み出したりはしません。宇宙は、人類の進化を物質の次元から超越させたのです。

たとえばあなたが「本」を単に物質的対象としてのみ扱うとしたら、それがどんなにおかしなことか考えてみてください。本を燃やして燃料にすることもできますし、もしくはドアストッパーにすることもできます。破ったページをくしゃくしゃに丸めて、くずカゴめがけてバスケットボールのように遊ぶこともできるでしょう。もし本が大きかったら、武器のように人に投げつけることもできます。

しかしそのようにしてしまったら「本」というものの本質、まさにその存在意義が失われてしまうのは明らかです。本が「情報」「インスピレーション」「快楽」そして「美」の源でなかったら、いったい何だというのでしょう？

このことは、あなたの体を物質的対象としてとらえることと同じぐらい間違っています。たとえ、体は食物を燃焼させたり、ゲームで遊んだり、殴り合いや戦争が始まったらいつでも武器に変わるとしても、です。

あなたの体はすでに、人生の目的が物質的なものではないということを知っています。もし顕微鏡をのぞいて、病原菌がマクロファージ（文字通りの意味は「大食漢」）として知られる白い細胞に囲まれて、取り込まれ、破壊されていく様子を見ると、非常に物質的な存在に見えるでしょう。

しかし、あなたは自分の目に騙《だま》されているのです。あなたが実際に見ているものは、知性が作動している様子です。

マクロファージはまず侵入者を判別しなくてはなりません。その侵入者が仲間なのか敵なのか決定しなくてはならないのです。

この決断を下したら、マクロファージは敵を攻撃するためにさらに近づき、敵を殺すために有毒化学兵器を配置しなくてはなりません。

純粋に物質的な存在は、決断しません。ましてやこのような繊細かつ潜在的で致命的な決断など下すことはありません。

もし白血球が判断を誤った場合、マクロファージは、関節リウマチや紅斑性狼瘡《こうはんせいろうそう》（膠《こう》原病《げんびょう》のひとつで、自己免疫性疾患のうち最も代表的なもの）のような、完全なる判断ミスが原因の自己免疫疾患を作り出し、自身の体の細胞を食べ始めることもありえます。

しかし白血球の知性は非常に深遠で、もはや使い物にならなくなったときには自らの死をもコントロールするのです。一度侵入してくる病原菌を破壊すると、マクロファージは自分の化学兵器の犠牲となって死にます。その自殺は、自発的かつ利他的なものです。ひとつの白血球細胞は、多数にとっての利益が個の利益より優先することをわかっているのです――このことを裏付けるように、白血球細胞は究極の犠牲となります。

もし「物質的である」ということが、体に関する古い考え方だとしたら、すみやかに新しい考え方へと移行しなくてはなりません。なぜなら、私たちの生き方は、私たちの根本的な信念を基盤にしているからです。

real story #1 ―― エイデンの場合

体についての古い考え方に基づかずに、新しい体をすでに作り始めている人々がいます。

エイデンは50歳過ぎの男性で、どんな分野を選んでも大きな成功を望めたであろう高度な教育を受けていました。でも彼が選んだ道はスピリチュアルな道の探求でした。そしてそれは30年前に偶然始まったのです。

エイデンは回想します。

「何か不思議なことが起きようとしているという前兆もなく、すべてはごく普通に始まりました。

私は典型的な中流階級出身の若者でした。理想主義者でも反逆者でもありませんでしたが、ベトナム戦争直後に大学へ進学しました。

でも20代に入ったあたりで、自分ではコントロールできないようなことが起き始めました。

夜、眠っているときも、目覚めているかのように感じたものです。そして自分が泡のようなものの中に入っており、どこへでも動き回ることができたのです。

その泡の中に入っているときは、自分の体から抜け出したような感じでした。

すばらしい街や風景といった、どこかはわからない場所のビジョンが見えました。知っている人の顔も見えました。そして彼らの隠された性質もレントゲン写真のように感じとることができました。

こうした経験は、信じられないほど鮮明で、単に夢として片づけることはできませんでした。

なぜなら私は起きているときも、椅子《いす》に座りながら同じような経験を時々していたのです。寝ているときと唯一異なる点は、泡の中に入っているのではなく、自分自身が体から抜け出しているかのように感じるということです。

あるときは、部屋の壁を越えて自分が拡大し、家の外観が見え、人々や車が行き交うのをじっと見ていたこともあります」

神経学者たちは、このような経験を「脳が作り出したもの」……つまり幻覚剤によるものか、てんかん、または重度の精神病によって作り出された感覚の歪《ゆが》みのようなものであるとレッテルを貼《は》りがちです。

しかし、それが正確であろうとなかろうと、体の物理的限界というものは、突然かつ予期せずして消え去りうるようです。エイデンは続けました。

「この種の経験は、あなたが思うほど奇妙なものではないと今ならわかります。体を抜け出したという話はどこにだってあります。そういう人々は、天使たちのビジョンを見たり、物事が起きる前に予知したりします。

また、ある友人のことを考えたら、次の瞬間にその友人から電話がかかってきたりするものです。

でも、人は、こうした経験をしてもすぐに忘れてしまうか、もしくは心の錯覚として片づけてしまいがちです。私はそうはしませんでした。自分の経験を真剣に受け止めたのです。私はお決まりの道から離れることにしました」

私とエイデンは、互いによく顔を合わせていたマンハッタンのミッドタウンにある瞑想センターで話をしていました。同じようなエピソードを持つ人を、私は大勢知っています。

ほとんどの人が、意識の高次の状態に到達するというビジョンに魅了されています。そして彼もその一人でした。

「私たちは、何が現実で何が現実でないかわかっていると思っています。でもその区別は皆が考えるよりも曖昧《あいまい》なものなのです」

彼は言いました。

「私は、片時もタバコを手放せないチェーン・スモーカーを治療するという、ブルックリンに住む神父に関するニュース番組を見ました。

彼は、客間にチェーン・スモーカーたちを座らせ、何をしているわけでもないように見えます。でも彼は自分自身の内側へと入って行き、自分の体の中へ差し込む一筋の聖なる光をイメージするのです。

彼は神にお願いします。この部屋にいるすべての人が、絶え間なくタバコを吸うことをやめられますようにと。たったそれだけのことなのです。一団は部屋から一歩外に出ると、もう二度と煙草を吸うことはなくなります。

サンタモニカには、隣人によって自分の使命を発見したという男性ヒーラーがいます。彼の隣人は女性で、全身を覆うほどのイボの症状がありました。

ある晩、隣人の女性は隣に住んでいる男性に触れてもらうだけで、その症状が治るという夢を見ました。

そして隣の家のドアをノックし、自分の夢について話したのです。

彼はショックを受け、彼女に帰ってほしいと思いましたが、その女性は必死でした。

結局、彼女の機嫌を損ねないために、彼女の体に触れたところ、それから1日か2日して、すべてのイボは消えたのです」

私はエイデンに、

「あなた自身は、そのような癒しを見たのですか？」

と尋ねました。

エイデンはうなずきながらこう言いました。

「癒しはどこにでも存在していますが、一般的に人々の中にはそれを見たり受け入れることを妨げるような抵抗があるのです」

彼は明らかに確信していました。今、彼が探求の旅のどのあたりにいるかについて尋ねたところ、進歩している途中とのことでした。

「私は多くの局面を経験してきました」

彼は言いました。

「多くの理想を追求し、何度も失望しました。自分は神に近づけたのだろうか？　自分は悟ることができたと考えているのだろうか？……そんなことを考えるのを、もうやめたのです」

「では、どんなことを学んだのですか？」

私は彼に尋ねました。

「私は元通りになったのです。私の人生はもはや混乱していません。私には源があることを知っていて、その源の近くにいることは、自分が何者であるかについて手がかりもなくさまようよりも何百万倍もよいことだとわかっています」

「では、あなたはこの旅を始めた頃のあなたと同じ人物なのですか？」

私は言いました。エイデンは笑いました。

「私はその人が誰であるかさえわからないでしょう。思い返せば、私は変装して生きていたということがわかります。その仮面を脱ぎ捨て、そしてすべてが変化したのです」

彼は、自己変容について話していたのでした。

「自己変容」という言葉はもはや陳腐に聞こえるかもしれませんが、そこにはまだ真の原理が存在しています。

変容への鍵とは、あなたが自分自身の中に見たいと思っている変化を自分で作り出すことなのです（このことは、「世界に変化を起こしたければ、あなた自身がその変化にならねばならない」というガンジーの名言を思い起こさせます）。

今回のケースでは、最初の変化は、まずエイデンの体に起こりました。彼は生来スピリチュアルな道の探求者ではありませんでした。

おそらく、何の宗教的、もしくは精神的思想も持っていなかったことが功を奏したのでしょう。

先入観がないことで、変化が実際に起こったときに、それに対してオープンでいられたのです。

幻想の未来

「変化する」ということも、またひとつの選択です。あなたの体は未知の能力を携《たずさ》えて生きていますが、どのように進んで行くかはあなたの指示を仰ぎます。

あなたが新しい意志を導入すると、あなたの体は、あなたが望むことに適応するために自らその方法を見つけるのです。

こうした例が、過去数年において起こっています。若い世代の脳は、新たな能力を発達させています。ビデオゲームやｉＰｏｄ、メールやショートメッセージの送受信などインターネットとともに育った、いわゆるデジタル世代と呼ばれる子どもたちは、以前の世代の人々とは異なる脳活動を作り出すことを研究者たちは発見しています。

彼らの脳は、ある部分——たとえば情報に即座にアクセスしたり、ビデオゲームをするために必要なスキル——が急激な成長を遂《と》げているのです。

しかし、社会的なつながりを大切にしたり、感情を認識する能力といった部分はむしろ鈍化しています。

もしあなたがデジタル世代ではないなら（アナログ世代という言葉がありますね）、ビデオゲームをしたり、集中的にインターネットを使うことを1週間続けたら、脳が刺激されて、新しいデジタル環境に適合するようかたちが変わるでしょう。

いったん脳を変化させれば、社会的規範もそれに合わせて変わります。

昔の子どもたちは、絆《きずな》の固い家族の中で世界について学びながら社会的な生き物となっていきました。

もっと後の世代になると、逆に一人パソコンの前で何時間も過ごし、家族の結束もゆるくなり、まったく家族がいない場合も多くなってきました。したがって彼らは、共感することや社会的接触といったことに不器用になっていきました。

20年来のブレイクスルーのおかげで、研究者たちは、脳には「可塑《かそ》性がある」——つまり、生まれつき固定したものではなく、変化に適応することができる——と理解しました。

今彼らは、日常における単純な活動が、新しい神経回路網を迅速に生み出すことを事実として認めています。

新しい脳がどのようなものになれるのか、そこには限界がないようなのです。

脳は、スピリチュアルな経験を提供することもできます。実際、もし脳がスピリットに波長を合わせるための新しい神経回路を作っていなかったら、神を経験することもありえませんでした。医学がこの事実に追いついたのは、ほんのここ数年のことでした。ダライ・ラマ法王の協力のもと、脳科学者たちは、15年から40年の間、瞑想をしている高僧たちの研究をすることができました。

実験室では、僧侶《そうりょ》たちは機能的MRIというリアルタイムに変化を観察できる脳スキャンの装置に入り、慈悲の瞑想を行うよう求められました。

チベット仏教の教えにおいて「慈悲」とは、いつでも生きとし生けるものを救う性質であるとされています。

瞑想するにつれ、彼らの脳は普通の状態では見られないほど強烈なガンマ波を出し始めました。ガンマ波は、脳全体を機能させ続ける、高次の思考と関連付けられています。僧たちによって示された脳の活動の中で最も強力だった部位は、額の左側のちょうど裏に位置する左前頭前野《ぜんとうぜんや》でした。この部位は、幸福とポジティブな思考に関わっています。

研究者らは、その発見に大喜びしました。なぜなら、この実験結果は、精神的な活動のみで脳を変化させることができることを初めて示したものだったからです。

脳が身体的な活動で訓練されうるということはすでに知られていました。

運動選手が練習すればするほど上達する、というのはその一例です。私たちは、彼らが才能、意志、勇気を持っていることをほめたたえます。それは正しいかもしれません。

しかし神経学者にとって、最も偉大なランナー、水泳選手、テニスプレイヤーたちとは、難しいスポーツを行う際に必要とされる複雑な動きの調整を司る運動皮質が高度に訓練された人々なのです。

今回の実験では、かすかな欲望だけで――この場合は、慈悲深くありたいという欲望ですが――身体的な活動と同様に、脳が適応するようトレーニングできるということが示されたわけです。

ここではまた、神秘主義的な側面も作用しています。

愛というかたちは固形状の物質を支配しています。

キリストが「もしカラシの種ほどの信仰があれば山々を動かすことができる」と言ったとき、それは比喩《ひゆ》的な表現だったかもしれません。

しかし愛の力は文字通り、脳を動かすことができるのです。

マサチューセッツ工科大学の著名な人工知能研究者が用いた荒々しい表現を借りれば、私たちは皆、脳とは「肉でできたコンピュータである」と教えられてきましたし、また疑問に思うこともなく、その考えを受け入れてきました。

ひとつのハードウエアである大脳皮質は、「考える」ようにプログラムされています。一方で、もうひとつのハードウエアである辺縁系《へんえんけい》は、感情を司るようプログラムされています。

しかし、この明確な区別は誤りだということがわかります。

もしも、すばらしいアイデアを思いついた瞬間のあなたの脳の活動のスナップ写真を撮ったとしたら、脳内の多くの箇所が発火していることでしょう。

そして新しいアイデアを思いつくたびに、わずかに異なるパターンが生じるのです。それとは対照的に、コンピュータにおいては、何らかの指令が送られるたびに、同じ回路基板が光ります。

「配線」という概念は、コンピュータ向けのものです。脳は、瞬時にして自身の配線を作り直すことができるのですが、コンピュータとはまったく関係のない目に見えない力に従っているのです。

それでは、どのようにして、このことを日常生活に当てはめられるでしょうか？

ハーバード大学で行われた実験では、「愛」が体に対して即効性を持つことを示しました。被験者たちは部屋に座って、マザー・テレサの映画を観ました。彼女がカルカッタの孤児たちに奉仕している非常に感動的な映像を観ているうちに、彼らは非常に穏やかになり、ストレスが緩和し、そして呼吸数と血液成分に変化が見られたのです。

こうした反応は、脳によってコントロールされています。

高次の愛にほんの一瞬触れるだけでも脳の新しい反応が生まれるとしたら、長期的に愛はどのような効果を持つのでしょうか？

幸福な結婚生活を送る老夫婦についての調査が行われ、その結果、彼らは最初に恋に落ちた頃よりも、30〜40年たってからのほうがお互いにより深く愛し合っているということがわかりました。

しかしそれは異なる種類の愛であり、詩人が狂気にたとえるような激しい情熱的な類《たぐい》の愛ではなく、より安定し、より誠実で、より深い愛だということが報告されています。

このことから、幸福な結婚をしている夫婦は、チベット仏教僧と同じように、脳の変化を経験しているわけです。チベット僧たちと、幸福な夫婦たちというふたつの集団には、著しい類似点が確かに存在します。

僧侶たちは、心を、静かで寛容で平和な、仏教の言葉を用いれば「無為」の状態にさらしました。脳は、その無限の状態に慣れ、そして自身の条件付けから逃れたのです。

長年にわたる恋人たちもまた、お互いに静寂、寛容、平和を感じています。お互いにさらけ出して触れ合うことが、瞑想と同じ効果をもたらしたのです。

微細な行動

ここまで、人生における非物質的な側面は、物質的な側面よりも強いものであるということをお話ししてきました。

目に見えない力について話すと、とても神秘主義的に聞こえるかもしれませんが、個人的なレベルでも完全に目に見えない力である「愛」というものを体から切り離すことはできませんし、恋に落ちると強烈な身体的変化が引き起こされることを証明するのに科学は必要ありません。

体はモノであるという考えに固執するのをやめてしまえば、ずっと明白であっただろうことに気づくでしょう。つまり体とは、目に見える世界と見えない世界の間をつなげるものであるということです。

この接合点に立ちながら、あなたは常に、目に見えない世界という新しい領域へと入り込んでいるのです。

あなたが新たな一歩を踏み出すたびに、あなたの体もそれに付いて行きます。私はこうした新たな一歩を「微細な行動」と呼んでいます。

なぜなら、粗野な行動は物質世界と直接的に関わるのに対し、微細な行動は心の世界だけと関わるものだからです。微細な行動は私たち誰もが簡単にできることですが、次のようなステップに分けることもできます。

「微細な行動」が作用する仕組み

1. 自分の内側へ入り、自分の意図を知らしめる
2. 結果が出ると信じる
3. 変化のプロセスに抵抗しない
4. 体が、物質的なレベルにおいて努力なしに変化する
5. 微細な行動を繰り返すことで、望む変化を達成する

チベットの僧侶たちは、これらのステップをすべて達成しました。彼らが瞑想するのは、より高次の意識とつながるためでした（仏教徒は「魂」という言葉を使いません）。彼らは目標に到達すると信じ、静かに座ります。常に目標を意識し、熱心に修行をします。微細な行動だけを通じて、努力することをせず、身体的にも無理することもなく、慈悲が彼らの中に流れ込みました（インドの有名な格言「知恵とは学んで身につけるものではなく、あなた自身が知恵となるのだ」が思い起こされます）。

もし目に見えない力に本当にパワーがあるのなら、心の中だけに存在する微細な行動というものは、粗野な行動よりもずっと大きな変化を生み出すことができるはずです。そしてそれが事実であるということが判明しました。微細な行動は、優れた身体能力へと変換されるのです。

体を自然の厳しさから守る「トゥモ」と呼ばれるチベットの瞑想法があります。トゥモを行う僧は、薄い絹の袈裟《けさ》だけをまとい、氷点下の気温でひと晩じゅう洞窟《どうくつ》の中に座って瞑想し、そして夜明けになると何事もなかったかのように外に出てきます。その様子の一部始終を観察した欧米の医療関係者によると、その秘訣は視床下部《ししょうかぶ》という脳の特定の領域を利用して、体内温度を5度ぐらい引き上げることだといいます。体温とは通常、自動的に反応するものですが、微細な行動を通じてこの反応を自由自在に操作することができるのです。

欧米で一般人を対象に行ったバイオフィードバック（血圧・心拍数・筋肉の緊張などの生理機能を測定し、それを音や画像などの情報に変換して本人に知覚させることによって、心身の状態を自分の意志で制御する技法）の実験でも、この例と同じような結果が出ました。

被験者たちは、手の甲のある一部分に意識を集中させて、その部分が熱くなるよう念じることを求められました。長い時間をかけずとも、多くの人がただ意識を集中させるだけで肌の温度を十分に上げることができ、手の甲に紅斑が出るほどでした。

それでも西洋医学は、一歩先を進んでいるインドのさまざまなヨガ修行に戸惑いを隠せないでいます。

ヨガ行者たちは、瞑想で自己鍛錬すると1日に100カロリーに満たないほどの最低限の食事しか要《い》らなくなります。

棺《ひつぎ》の中に入って何日間も埋められても、呼吸数と基礎代謝量を減らすことによって、ほんの少しの空気で生き延びることができます。

欧米の観察者によると、最も修行の進んだ行者たちは、サマディ（深い意識状態）の状態でしっかりと座っているため、物理的な力で押しても倒れないそうです。

このことは、微細な行動がバイオフィードバックの研究室でしか見られない、もしくは長年にわたる精神修練を経《へ》ないと起こらない、という意味ではありません。

このような特殊な方法で操作可能な目に見えない力は、至るところに存在していて、人生のあらゆる局面において一役買っているのです。

私たちはそうした力を「知性」や「創造性」という言葉で分類し、たとえば白血球が、侵入してきたバクテリアを貪《むさぼ》り食うようなときに、そうした力が作動するのを目にすることができます。

免疫細胞が関わる化学反応のうち、ほんのごく一部分の解明に対してもノーベル賞が与えられてきましたが、免疫細胞が非常に複雑であるということが判明した今では、免疫システムは「浮遊する脳」として知られるようになりました。

しかし、知性を持つ細胞が発見されても、物理的な体という古い考え方を打ち壊すには何の役にも立ちませんでした。それどころか、矛盾がもたらされてしまったのです。

もし白血球に知性があるなら、どのようにして知性を得たのでしょう？　それは脳内に無数にあって相互作用しているニューロンの一部というわけではありません。

もしあなたが細胞生物学者なら、その知性を白血球内のタンパク質や酵素の中に探すに違いありませんが、そうしたタンパク質や酵素は、互いに結合する、より単純な分子に過ぎないのです。

では、単純な分子にもまた知性があるのでしょうか？　単純な分子は、さらにもっと単純な原子からできています。原子には知性があるのでしょうか？　あるひとつの石炭の塊の中に存在する炭素が、酸素や水素のような他の少数の原子とともにマクロファージを作り出せるほど知性的だと考えるのは、かなりおかしな話ではないでしょうか？　炭素は、すばらしい知性の一部であるということで、ノーベル賞を共同受賞すべきでしょうか？

しかし「知性とは、白血球がたまたま表現した目に見えない力です」と言い切りたいと思わない限り、あなたはこの背理法から逃れられません。

そして、それこそまさに、細胞生物学者が（もしくはどんな物理学者も）結論付けることができないでいることなのです。なぜなら、ＤＮＡに始まる「生命」に関するすべてのことは、物質的な基盤を持っていなければならないからです。

知性とは目に見えない力であり、私たちの体はそれを無尽蔵に使っているという明白な事実を認めるほうが、どれほど簡単でしょう。

あなたの体の目的のすべては「目に見える領域」と「目に見えない領域」の両方につながることです。

そしてあなたを通して姿を現したがっている力は「知性」だけではありません。同じく「創造性」「真実」「美」「愛」も、あなたを通じて表出したがっているのです。

時に、このことを強く感じさせるために、驚くべき新事実が必要になることがあります。実例をひとつお話ししましょう。

ダモンという名の男性が、いつもの出張からデンヴァーにある家へと戻るところでした。ダモンは飛行機を降り、荷物を受け取ってタクシーで家に帰るつもりでした。

すると、視界に、妻の姿が見えたのです。

彼を驚かせようと思った妻は、出口のところで待っていたのでした。

ダモンはそのときのことを思い起こしてこう言いました。

「妻は微笑《ほほえ》みを浮かべてそこに立っていただけでしたが、私は心の中では、飛び上がらんばかりに嬉《うれ》しかったのです。

こんな気持ちになったのは、恋に落ちたとき以来だと思います。

私は完全に不意を突かれた顔をしていたのでしょう。

妻はこちらに歩いてきて、私の顔をじっと見ました。

そして気分はどうかと尋ねました。

私は何よりもまず『愛しているよ』と言いたかったのですが、言いませんでした。

私たちはずっと問題を抱えていたので、彼女も上機嫌というわけではありませんでした。

だから、『元気だよ』と答えただけで、そのまま私たちは手荷物受取所へと向かったのです。

でもその瞬間を忘れることはできません。

これほどの強い愛が、いったいどこからやって来るのか、私にはわかりかねます。

でもその愛は激しく、疑う余地のないものでした。

悲しいことに、私はこれまでにもう一度あのような気持ちを感じられていません」

愛は、私たちの不意を突くものです。

なぜなら、私たちは多忙な活動や予測可能な出来事に追われる中で、さまよっているからです。

ブレイクスルーを起こすためには、古い条件付けを乗り越えるよう自分自身に要求し、周囲の至るところに存在している目に見えない力と意識的につながらなくてはなりません。

突然湧《わ》き出してくるような愛は、きちんと表現し、行動しなければなりません。さもなければ、それは消え去り、再び普段通りの生活に取って代わってしまうのです。

微細な行動とは、緊急性があり、必要なものです。微細な行動は、こうした見えない力を呼び起こしてあなたの体へともたらしてくれます。

一度その変化を経験すれば、あなたは自分の体が物質的であるというフィクションに、もはや固執する理由はなくなります。

愛のある行動とは何か

微細な行動をとると、理想的な愛を夢見るのではなく、実際に達成することができます。

普段の生活では、愛は何か別のもの、たいていエゴと絡み合うようになります。本来、エゴは利己的で、愛はエゴにそうならないよう訴えかけるけれど、エゴは自分がほしい形式で愛をほしがります。

こうした問題は解決されなくてはなりません。

男性は相手をコントロールすることを望み、女性は大事にされたいと望むかもしれません。

女性はどれほど愛が自分に向けられていても不安を感じるかもしれず、男性は自分の弱さを感じないように相手を支配しなくてはならないかもしれません。

それでも純粋な愛は存在していて、それを見つけることは可能なのです。その他のすべてのことと同様に、過程をたどることは必要です。

あなたは、自分が今いるところからスタートし、そして微細な行動を通じて成長していきます――つまり、あなたが本当に望んでいる種類の愛を、静かに促進していくのです。

あなた自身の人生において、最も高い次元での愛の特性について考えてみてください。魂からの愛は、次のように形容できます。

利他的
与える
至福
温かくて安全
自足的で他人から認めてもらう必要がない
純真
複雑でない

親切、慈悲深い
不変
発展的
慰め
神聖

これらは人生を通してずっと耳にしてきた言葉で、また程度の差はあれ、いずれも経験したことがあるでしょう。

静かに座って、それぞれの特性についてひとつずつ記憶を呼び起こしてみてください。たとえば、「親切」だったら、あなたの思い出、視覚的なイメージ、感情、そしてその特性を持っている人々を含め、その記憶を呼び覚まします。その特性について2〜3分間、経験してみてください。自発的に、その経験を深めるのです。

これを行うことによって、あなたは実質的に自分の心を「親切」という特性に微細なレベルでつなげ、親切について考えていないときの心とは異なる神経系のパターンを形成し始めます。

同様に自分の内側へと入り、あなたにとって「与える」や「神聖」という言葉が持つ意味を徹底的に感じましょう。

一度にひとつの特性をとりあげ、その特性に対してあなたの個人的な意味がクリアになる感覚が現れるまで集中してください。

あなたの過去において、どのような愛の瞬間が最も「利他的」だったでしょうか？ あなたは、森を散歩しながら、もしくは海を見つめながら、「純真」な感覚を思い出すことはできますか？

ここでリストアップした特性すべてを一度に取り組もうとしないでください。毎日リストに立ち返り、少しずつ取り組んでいくことによって、愛とつながる内なる感覚を作り上げましょう。

微細な行動は、意識のより深い次元へアクセスすることによって作用します。自分の内側にある愛をもっと意識するようになるにつれ、あなたは目に見えない力と結びつくのです。静かに、しかし着実に、より高次元の「愛」の特性が、あなたの人生に現れ始めることに気づくことでしょう。

当然のことながら、愛が行き詰まったり、愛が去ってしまったように思えるときもあるでしょう。そんなときも、そうした感情や記憶を避けることなく向き合ってください。これは幸せの幻想の中で行う演習ではありません。

だからと言ってネガティブな面に焦点を当てる必要もありません。

孤独や自己憐憫《れんびん》、失恋への怒り、もしくは今の恋愛における倦怠感《けんたいかん》などについて思い悩まないでください。

愛の特性をただ感じることと、幸せの幻想にひたることでもネガティブな側面に焦点を当てることでもないという違いを区別するのが難しいと思う人々は大勢います。

私たちは皆、微細な行動の訓練を受けたことがないのです。

だから、自分たちが「愛」と呼んでいるあらゆる種類の感情の中で身動きがとれなくなり、その結果、混乱と無用な苦しみを招くのです。

目に見えない愛の力にその姿をはっきり知らしめてもらうことによって、微細な行動は、そうした混乱を優しく無理なく解決します。

そうするとあなたは、愛ではないものを目に見えない愛の力と取り違えることもなくなります。ここでひとつの例を紹介しましょう。

ロリーンは、アイオワ州出身の若い女性で、仕事のオファーを受け、新しい街に引っ越します。近くに昔からの友人が一人もいない環境で、引っ越した当初は孤独を感じましたが、まもなく興味を引いた一人の同僚に目星をつけます。いつもは恋愛に関心がないほうなのですが、最初に抱いた興味は、まもなく深い感情へと変化します。

ロリーンはこの独身男性に気のあるそぶりを見せ、彼はフレンドリーに応じるものの、デートに誘ってきたりはしません。

ロリーンは、彼に対する欲望が、夢や幻想に変わってきていることに気づきます。それはだんだん性愛的なものになり、自分が彼にロマンティックな関係を持ちたいと感じていることをより強くほのめかすようになります。

ロリーンが驚いたことに、彼は、彼女が自分に恋していることをわかっているが、自分は同じ気持ちではないと言うのです。彼は同情し、理解を示している振る舞いをし、それがなおいっそう彼を魅力的に見せました。

ロリーンは強い欲望と、彼を手に入れることができないという思いのはざまで、身を引き裂かれる想《おも》いです。

ロリーンは作戦を強化していき、思わせぶりな留守電メッセージを残したり、「偶然」

彼とばったり出会うというチャンスを狙《ねら》って職場で待ち伏せしたりします。

そして職場のクリスマスパーティーで、ついにクライマックスを迎えます。

彼女は飲み過ぎて、公衆の面前で彼に迫ります。ロリーンがあまりにも堅く彼にしがみつくので、彼は彼女を引き剥がさなければなりませんでした。

翌日、彼はロリーンのデスクの上に「専門家の助けを求めたほうがいい」と書いたメモを残します。ロリーンは混乱し、そして恥ずかしく思います。

そして心理カウンセラーのところに行くことにしました。

最初のセッションで、彼女は涙ながらに今の状況を説明します。

「私は彼のことをとても愛していて、われを忘れてしまっています」

その心理カウンセラーは、彼女の言ったことを訂正します。

「あなたが表現しているのは、愛ではありません」

びっくりして、ロリーンは尋ねます。

「もしこれが愛でないのなら、いったい何なのでしょう？」

「虐待です」

心理カウンセラーは言いました。

「もしそこまで必死になっていなかったら、あなたにもわかるでしょう。あなたが愛と呼んでいるものは、自分が直視することを恐れている、より深いところにある感情の仮面なのです」

ロリーンはうろたえますが、より深い次元において、彼女はその心理カウンセラーの言うことが正しいとわかっています。

人は往々にして、愛によって救われたいと望むものです。それゆえに、愛は現実逃避や恐怖と結びついてしまいます。「孤独」「孤立」「不適応」といった、あなたが恐れているようなことは、自分の力で解決し、癒さなくてはなりません。その恐れを解決してくれそうな人と関わろうとすることによって、覆い隠してはいけないのです。

ロリーンのような人々は、たいてい自分の中にある本当の必要性を直視することなく終わってしまいます。そういう人々の脳は、いつもの自分の行動パターンにとても馴染《なじ》んでしまっているので、最もネガティブな外的反応（出来事など）が起こっても、その行動パターンを変えることはできません。

微細な行動だけが、新しい「意図」を導入することによって、脳を変えることができます（チベット僧がいかにして慈悲深くなったか、つまり新たな脳のパターンが創造されなくてはならなかったということを思い出してください）。

微細な行動を通して自分を癒すことができるようになれば、失敗や拒絶を助長するような状況に直面することもなくなるでしょう。それらの状況は、あなたの中にあった内的状態の反映です。そしてあなたは、そこからゆっくりとシフトしていくのです。

ネガティブな印象や記憶が生じてきたら、それらにただ注意を向けることで、癒しの効果があります。微細な行動は、決めつけたり、非難したり、拒絶することではなく、「気づくこと」「見つめること」「意識的になること」によって作用するのです。

あなたの過去のネガティブな刻印は、真のあなたではありません。

それらは経験の傷跡のようなものです。

一方、過去に起こったよいことすべては、好機を示す道しるべのようなものです。

あなたの内側で「愛」がどのようなものかを感じることによって、あなたの中で休眠中だった愛の衝動が今ここで活性化されることでしょう。

あなたが変化に対してオープンで、受容的で、変化の準備ができていることを宇宙に知らせるのです。

そして変化が表れます。まずあなた自身の内側で、高次の愛の、まだか弱い芽吹きのような新鮮な感覚が現れます。

そうしたら根気強く、意識的であり続けてください。より親切に、より利他的で、慈悲深く、寛大になると、そのような瞬間がもっとたくさん訪れるようになるでしょう。するとあなたの内側だけでなく、外側においても、こうした特性を反映するものに出合うようになってきます。また、他者の中にもそうした特性を見出すことでしょう。

そして他者の中の高次の愛の特性は、あなたに向けられるようになってきます。

そのようなプロセスをどんどん拡大させてください。

自分自身や他者に親切さを要求したり、寛大さを求めてはいけません。

子どもの頃そうだったように、何も強制することなく、どんどん成長してください。

無防備になれる機会があれば、それがどんな小さいものでも逃さず、つかんでください。

とりわけ、あなたのセルフイメージに邪魔をされないようにしてください。セルフイメージはエゴによって構築されていて、あなたが世間に見せているうわべの姿のことです。それはまた、あなたが隠しているものを守る楯《たて》にもなるのです。

もしセルフイメージがこのプロセスを邪魔すると、あなたはオープンになれませんし、受容的にもなれません。真の変化には、リラックスした自然な態度が求められます。悲しいことに、ほとんどの人々がセルフイメージを守り、本物または想像上の攻撃に対して防御することに莫大《ばくだい》なエネルギーを費やしています。

そうする代わりに、守るものなど何もないという態度をとってください。

あなたは強くなりたがっていますが、真の強さとは、確実で自己充足的な愛から生じるものです。ニセの強さとは、自己防衛の壁を作ることから生じています。

あなたにとって愛とはどんなものなのかを感じること、そして愛が拡張していくことを穏やかに望むことに焦点を当て続けてください。

これは微細な行動が、いかに粗野な行動よりもずっと多くのことを成し遂げることができるかを示す力強い一例です。

なぜなら、微細なレベルにおいてのみ、あなたは自分の脳を訓練し、完全に新しいものにすることができるからです。

breakthrough #2

あなたの本当の体は「エネルギー」である

ブレイクスルーとは大胆不敵なだけでは十分ではなく、役に立つものでなくてはなりません。

あなたの体は純粋なエネルギーである、という次なるブレイクスルーは、その基準を大いに満たします。

私はどんな対象物でも――木の棒、マッチ、タングステン線などを――物理的な世界から消滅させることができます。

どんな物理的な物体も、電子顕微鏡で観察することによって、固形ではなく、もやもやした霧や雲のようなものに変化するのですが、さらに拡大していくと、その霧が、純粋で目に見えない波動になって消えていくのです。

そうした波動のエネルギーを解放することは、非常に有用なことです。

だからこそ、木は燃やすことができ、マッチは火を移動することを可能にし、タングステン線は電気を通すと熱と光の両方を放射するということを私たち人類が発見したとき、そのエネルギーは世界を変えたのです。

どんな場合においても、まだ利用されていないエネルギーは「目に見える世界」と「目に見えない世界」との接合部に存在しています。

この接合部こそ、まさにこれまであなたの体について言い表してきたものなのです。
木の切れ端は、何もせずに接合部に存在することで満足していますが、あなたの体はそうではありません。あなたの細胞は、内なる火をともしながら、常に境界線を越えて行ったり、戻って来たりしています。

DNAがどうやってこのようなことを覚えたのかは謎《なぞ》に包まれています。なぜなら、それはまさに、外部の助けを得ずして、タングステン線が光ることを覚えたり、マッチが火花を散らしたりするようなものだからです。

しかし奇跡は、それよりももっと深いところにあります。木が燃えると、灰になり、やがて火は消えますね。タングステンが白熱しても、いつかは燃え尽きてしまいます。しかしDNAは、エネルギーを放出するにつれ、成長し、増殖するのです。

実際にDNAが行っている唯一のことは、未加工エネルギー（熱や電気的衝動）を無数の複雑なプロセスに変換することです。そしてDNAは、他の化学物質のようにそれ自体がエネルギーでできているため、あなたの体は、より多くのエネルギーを得ることによって自身を生かし続けている、エネルギーの塊のようなものなのです。

このことをよりクローズアップして見ていくほど、謎の中にさらなる謎が潜んでいることがますます明白になってきます。

私が生まれ育ったインドはとても宗教色の強い国で、当時は今よりもさらにその傾向が強いものでした。

そして聖者のまわりに付き従って行動をともにするような、特殊なタイプのスピリチュアル親衛隊とでもいうような人々がいました。

この場合の聖者とは、高い意識レベルにある人を指し示す名誉ある言葉です。普通の人々は、そうした聖者たちのエネルギーに浸《ひた》るために、彼らの近くにたむろしました。

子どもの頃、そのような聖者探訪に私を連れまわすのが好きな叔父がいました。

8～10歳の頃、私は足を組んで床に座り、お辞儀をし、敬意を表して聖者の足に触れるために一緒に連れて行かれたものでした。

私の叔父は、ヨガの行者やスワミと呼ばれるヒンドゥー教の教師と会話をしたりもしましたが、その訪問の真の目的は、ダルシャン（聖者のエネルギーに浸ること）を受けることでした。

ダルシャンという言葉は、「見る」という意味のサンスクリット語です。しかし私にとっては、それ以上のものが感じられました。

誰か他の人間のエネルギーを受け取るという経験は、本当にすばらしいものでした。明るい気楽な気持ちにさせてくれる聖者もいましたし、心に静けさをもたらしてくれた聖者もいました。そういう聖者の近くにいるだけで、安らかな気持ちになりました。

聖者は男性であるにもかかわらず、母が私に微笑《ほほえ》みかけてくれるような、紛れもなく女性性を感じさせるダルシャンもありました（その聖者は、聖なる母デヴィの帰依者だったのかもしれません）。

こうした訪問を通じて、他にも気づきがありました。ダルシャンの効果は、距離が遠ざかるにつれて減少していくということです。聖者の小屋へと歩いて行き、一歩一歩、入り口に近づくにつれて苦しみの感覚が失われていきました。そして「神は天国にあり、この世界はすべてそのままで正しいのだ」という確信で心が満たされました。

この高められた状態はしばらく続きましたが、叔父が私をデリーにある自宅まで車で送り届ける頃には、まるで漏電した電池のようにインスピレーションも減り、いつもの自分にほぼ戻っていたのです。そして数時間もしくは数日が経つと、聖者の存在は記憶から薄れていきました。

私の叔父のような人々は、単にエネルギーというものに取りつかれていたわけではありません。聖なる魂に自分自身をさらすと、意識を高めることになると彼らは信じていたのです。

ここでは、そのことが有効か無効かを決めつける必要はありません。しかし、ダルシャンを純粋に神秘的なものだと言うのは間違っているでしょう。

愛する人を見つめると、あなたの脳は、相手があなたに対して抱いている愛と結びつき、エネルギーが両者の間に通い合います——だから、最初に愛を感じたときの昂《たか》ぶりはあまりにも強烈なのです。

新約聖書の中で、イエスはただ話すだけではなく、その姿を見られたり、触れられたりするために、人々の中を歩き回りました。

明らかに、イエスの個人的なエネルギーは、独特のパワーを持っていました。

あなたがエネルギーのレベルで直観的に選んだ相手が持つ、すべての特性について考えてみてください。その人が、幸せか悲しんでいるかを見分けるだけでなく、心が平和か、動揺しているかを感じ取ることもできるでしょう。その人の目を見つめれば、隙《すき》がないのか鈍感なのか、優しいのか無関心なのかも表れています。この種のエネルギーの

「刻印」がない人間の特性について考えることは難しいものです。

このことの有用性は、自分自身の刻印を変えることによって、自分が望むどんな特性でも表出することができるということです。

動揺を平和に、悲しみを幸せに、鈍さを鋭敏さへと変化させることが可能なのです。

あなたの体は、非常に微細なレベルにおけるエネルギー変換器のようなもので、そこでは「生きている」ということの最も愛すべき側面とつながることができます。

聖者たちは、自分が目に見える世界と目に見えない世界の接合点に存在しているということを十分に承知しています。

なぜなら、彼らは神の存在の中に自分というものを感じているからです。

彼らが伝えるエネルギーは、熱や光よりもずっと微細なものです。

それは、科学がいまだ突き止められないでいる方法で、あなたの体が利用しているエネルギーと同じなのです。

エネルギーと健康

あなたの体を生かしているエネルギーの、最も基本的な機能について考えてみてください。エネルギーが健康な状態にあるとき、あなたの体も健康な状態にあるといえます。このような考えは、現代における主流医学の世界観を超越したものです。

100年前は、細菌が医学の主役でした。新しいバクテリアやウイルスを発見し、それらが引き起こす病気と合致させ、それらが体にダメージを与える前にやっつけるということこそ、研究のもっぱらの醍醐《だいご》味《み》でした。

今日における主役は遺伝子であり、そして同じパターンがこれからも繰り返されるでしょう。最も大きな目標は新しい遺伝子を発見することであり、それを特定の病気と結びつけ、体に害をもたらす前に、それらを操作したり接合したりすることにあります。

しかし、主役はエネルギーであるべきでした。なぜなら細菌と遺伝子は、あらゆる物質と同じようにエネルギーへと還元されるからです。

だから、体に引き起こされるあらゆる害は、この根源的な力に帰するのです。

こうした事実にもかかわらず、医学はエネルギーについてさらに学ぶことを躊躇《ちゅうちょ》しています。エネルギーはあまりにも動的で、変化をもたらし、自らも変化します。エネルギーは痕跡《こんせき》をほとんど残さず、その多種多様な変化の理由はほとんど理解されていません。

対照的に化学物質は具体的であり、予測可能で、小さくまとまったかたちで供給されます。薬に調合され、測定可能な投与分量を患者に渡すことができます。

だからといって「薬もまたエネルギーであり、薬があなたの体に引き起こす効果（副作用も含む）は、別のかたちで作用するエネルギーのパターンに過ぎない」という根底にある真実を乗り越えるものではありません。

薬はあまりに強烈に、そしてあまりに広範囲にわたって体に打撃を与えるものがほとんどなのですが、もしも薬に頼ることなく、体のエネルギーを操作することができるなら、非常に大きなブレイクスルーが起きるでしょう。

もしひどい切り傷を負い、医師がペニシリンを投与すれば、その抗生物質は体中を巡ります。それはあなたの傷の細菌を殺しますが、一方で腸にまでたどり着き、消化プロセスを可能にしている、単細胞から成る腸内フローラをも殺してしまうのです。

だから、60年前に開発されたもともとのペニシリンの改良形であるペニシリンVを投与する際によく起きる副作用は下痢なのです。

多くの単細胞生物を殺し過ぎることは、お風呂にお湯を入れ過ぎて溢れ出てしまうような、単純な行動のように見えるかもしれません。

しかしペニシリンの化学効果はさまざまな多くの副作用を招く可能性があり、中には、「黒い毛が生える舌」という異様なものまであります。

他によく見られる副作用としては、口や喉《のど》の違和感、吐き気、胃の不調、嘔吐《おうと》などがありますが、ペニシリン過敏症だということが判明し、皮膚発疹《ほっしん》、喉頭《こうとう》の液体分泌、アナフィラキシー（命をおびやかしかねない突然のショック状態）といった、憂慮すべき症状が起きる場合があります。

こうした、幅広く、混乱しがちで予測不可能な範囲にわたる副作用の理由とは、エネルギー自体が複雑だからなのです。

あなたの体は、エネルギーをごちゃまぜにして無数のパターンを生み出しているので、広範囲にわたって効き目のある薬を投入すると、全体のエネルギー状態が影響を受けるわけです。薬はパワフルで、そして厄介なものです。

しかし薬と同様に日々の行動も、体を深く変化させます。

誰かによい知らせ、もしくは悪い知らせを伝えるために部屋の中に入るとき、そんなつもりはなくても、あなたはその人のエネルギーを操作しています。

他者を幸せにしたり悲しい気持ちにさせたりすることは、気分の変化よりもより深いところに作用します。メッセンジャー分子が血流内へ勢いよく流れ込み、脳が何を考えているか、どう感じているかにかかわらず、そのエネルギー的な影響を膨大な数の細胞に行き渡らせると、体は直接的に影響を受けるわけです。

「その悪い知らせを聞いて気分が悪くなった」というのもあながち嘘《うそ》ではありません。

あなたの脳は、その情報を取り入れ、それを化学物質へと変換させ、この世界で何か問題があるかどうかを体全体に知らせるのです。

まさしく文字通り、あなたはそのニュースを代謝し、ニュースが含んでいる毒素に苦しんでいるわけです。

ほんの短い言葉といった、最小のエネルギーの変化でも大きな物理的破壊を招くことがあります。

ある人が幸せに生きていたけれども、離婚を申し立てられたとか、銀行口座が抹消されたなどという予期せぬ知らせが入ってきたとします。そうした情報を体に注入することは、物質的なモノを体に注入するのと同じ効果を生み、即座に化学変化が起こります。臓器という臓器に、ストレス、衰弱、機能低下が広がるでしょう。

どんなに少なく見積もっても、その人は憂鬱《ゆううつ》な気分にはなるでしょう。もしその知らせが非常に悲惨なものだった場合、正常なエネルギー・パターンは戻ってこないかもしれません。エネルギーがひずんだ状態となり、悲しみは何年にもわたって持続しえます。

配偶者を失うと、病気にかかりやすくなったり、寿命が縮んだりするものです（これは、統計的に証明されており、妻に先立たれた男性は、心臓発作を起こす確率が高まり、寿命も短くなりがちです）。

表面上は「心臓発作」「早過ぎる死」「鬱病」という、ペニシリンのような薬の持つ副作用とは、まったく別物のように見えます。

しかしその根本的原因は同じで、それは、体のエネルギー・パターンに歪《ゆが》みを生じさせるということなのです。

そして、その乱れが全身に広がるには、たったひとつの悪性細胞のような崩壊の種だけで十分なのです。もしその種が大きく育つことが許されると、体全体のエネルギーは壊れてしまうでしょう。

がんがエネルギーの歪みであると考えるのは、少し妙に聞こえるかもしれませんが、それが真実なのです。そうした不快な症状をなくすには、体全体をエネルギーという観点から考え始めなくてはなりません。自分自身のエネルギーを扱うことは、自分を癒すには最も無理のない自然な方法です。なぜなら、あなたは源に直接アクセスするからです。歪んだエネルギー・パターンが正常に戻るときに問題も消えます。

日々の経験からも、このことが妥当であるとわかります。

母親にスーパーで置き去りにされたと思っている幼い子どもは、肉体的・精神的苦痛のさまざまな兆候を示すでしょう。

しかし母親が再び現れると、もう心配の種はなくなります。愛され、必要とされているという感覚や安心感という通常のパターンが戻ってきます。そしてそれらは自動的に戻ってくるのです。

最も強力な癒しとは、同様に最も無理なく起こるものなのです。

real story #2 ──グラハムの場合

エネルギーは常に（体の中、周囲、そして全体に）パターンを作り出しているという事実は、自分のエネルギーに同調して感じることができる人々にとっては非常に便利です。

「数年前のディナーパーティーの席で、塩を取ろうとしたある招待客の手が震えていることに気づきました」

グラハムは思い起こします。グラハムは私の友人で、エネルギーヒーリングを職業とする40代の男性でした。

「手が震えていたその男性は30代後半で、どうしたのか尋ねると、パーキンソン病にかかっていることを正直に話してくれました。

彼の名はサムといい、街で小さな事業を手がけており、そしてもう7年間もその病気を患《わずら》っているということでした。

サムは、最低限の投薬で病気を慎重に管理していましたが、そんな状態も一時的なものでしかないとわかっていました。

いずれ、震えはひどくなり、パーキンソン病の本格的症状に見舞われてしまうのです」

グラハムがサムと出会ったのは、グラハムがちょうどエネルギーワークというものに興味を持ち始めた時期でした。彼はサムを誘ってカリフォルニアに一緒に行き、古代中国に伝わるヒーリング法である、気功のワークショップに参加しました。

「私は、手を直接使うヒーリングは経験したことがありませんでした。でもずっと興味を持っていたのです」

グラハムは言いました。彼はもう長年にわたって瞑想を行い、東洋の精神世界についても幅広く本を読んでいました。

「『体は微細なエネルギーでできている』という概念は、多くの懐疑論者に嫌悪感を抱かせていましたが、私は違いました。

サムは慎重な男でしたが、私と一緒に週末のワークショップに参加することに対しては意欲的でした。

空港へ向かうために車で彼を迎えに行くと、初めて会ったときよりもさらに震えがひどくなっていました。そのことについて、私たちは何も話しませんでしたが。

そして翌日、気功のワークショップに申し込んだ50人ほどのグループの中に私たちは座っていました」

気功は、中国のその他の伝統療法と同じく、体を維持する基本的な生命力である「氣」をコントロールし、操作することに基づいています。気功の中には、反共産主義と見なされている広い意味でのスピリチュアル思想と結びついている方法もあるために、中国における気功は規制を受けることが多く、時に政府による弾圧も受けてきました。

「私たちの気功の先生は香港出身で、『氣』は体の微細なレベルに存在していると教えてくれました。

氣が自然に流れていれば健康が保たれますが、こうした微細なエネルギーがバランスを崩すと、結果として病気になるのです。

一般的に、体内の氣をコントロールしたり変化させたりするには厳しい修行を何年も行わなくてはなりませんが、私たちの先生は、あらゆる思考が氣のパターンに小さな変化を引き起こすという新しい考え方を持っていました。

先生は、深刻な病気やトラウマでさえ、氣における小さな異常を鎖の小さな輪っかをひとつずつ修復するように癒すことができると信じていました」

グラハムは、真剣に訓練を受け、迅速に習得しました。

サムは、グラハムほど自分を厳しく律するタイプではありませんでした。始めたときは熱意を持っていましたが、やがて、時々思い出したときに行うだけになりました。


「私たちの先生は、参加者の中から腰痛や首の痛みといった慢性症状がある人に前に出てもらって、簡単な診断を下し、氣を調整するのです。

その方法はシンプルです。

心の中で、その人のどこかの側面が弱いか強いかを尋ねます。

弱いところがあるという感触を受け取ったら、その側面に、健康な人の状態である、強い状態に戻るよう求めます。

こうした側面は、身体的、心理的、環境的なものすべてが関わってきます。

たとえば、もしあなたが喘息《ぜんそく》持《も》ちなら、先生は、肺や呼吸器系だけについて尋ねたりはしません。

神経系が弱いか強いかを尋ね、鬱《うつ》や一般的疲労があるか詳しく調べるでしょう。

どのような不調であっても、エネルギーの鎖が切れている箇所を探し、一度にひとつずつ輪っかを直すことになります。

驚くべきことに、腰痛や首の痛みがあると名乗り出た人々は、ただちに癒されたのです」

多くの欧米人にとって、ここまでのエピソードはいくばくかの未解決の問題を含んでいます。体のエネルギーは、他の人間によって感じられるものなのでしょうか？

私たちは、人が怒っているか悲しんでいるかを感じとるのがどのようなことなのかわかっています。

しかしそうしたことを、エネルギーの状態ではなく、感情的な状態ととらえる傾向があります。

では、さらに一歩踏み出して、病気をエネルギーの状態ととらえることはできるでしょうか？

がんは、まず最初に心の状態が突然のエネルギー低下状態、つまり鬱や漠然とした不安へとなぜか変わってしまった患者自身によって発見されることが多いというのは意味あることです。気功ではこれを、氣のパターンの乱れと呼びます。

一方で西洋医学は、対処する前に具体的な身体症状がもっと出てくるのを待つのです。

欧米人たちは、量子レベルにおいては体のエネルギー・パターンは影響を受けていると理論的にはわかっているにもかかわらず、エネルギーというものは、患者自身によっても治療者によっても、主観的に見つけることはできないという認識なのです。

グラハムの話の中で最も際立っている点である「気功治療家は相手のエネルギーを自分の意志の力を通じて変化させることができる」という概念は、実際には物理学の「場」の理論と非常に符合するのです。

中国医学において、氣とはちょうど磁場のような「場」であり、そして患者と治療者を分離する境界線なしに両者を取り巻いています。

たとえばポケットに入った磁石は、分離して孤立しているように見えますが、地球の磁場全体に取り巻かれているのです。

グラハムは、簡単な実演を行うと、最初に抱いている不信感を取り払うのに役立つことに気づきました。

「気功では、エネルギーの主な通り道は脊椎《せきつい》に沿っています。

私たちは二人一組になり、簡単な筋力テストをしました。私が腕をまっすぐ前に伸ばすと、もう一人が上から押し下げます。私は、腕の上に下向きの圧力がかかる際に何の問題もなく抵抗できました。それから私たちは、エネルギーが脊椎を上から下へ流れる様子をイメージするように言われ、心の目を通してそれに従いました。

すると即座に、私は腕にかかる圧力に抵抗することができなくなりました。つまり瞬間的に力が弱くなったのです。

それから私たちは逆も行いました。もう一人が私の伸ばした腕を押し続け、私はエネルギーが脊椎を下から上へ昇っていく様を想像しました。

今回は、自分の腕にかかる圧力に抵抗するのは簡単でした。実際、私はさっきより強くなったと感じていました。

最初、私たちは腕を伸ばした状態で筋力テスト――簡単なキネシオロジーの筋肉反射――を行ったのですが、しばらくするとヒーラーは患者の体に触れることなく、『弱いか強いか?』と心の中で尋ね、そのテストを行えるようになったのです。

信じられないと思われるかもしれません。

でもそれこそが、私が今や数年間にわたって行ってきたヒーリングの土台なのです」

早発型のパーキンソン病を患っていたサムの身にはどんなことが起きたでしょう?

「彼の震えは、私たちがコースを受けている間に劇的に減ったのです」

グラハムは言いました。

「サムは大喜びし、薬をやめることについて話していました。

空港から家に車で向かう途中、彼は情熱的で、見たところ症状もまったくなく、まるで別人のようでした。

でも私はサムに、薬を飲むのをやめないよう約束させました。

私たちはそこでお別れし、その後のことについては知りません。

彼が気功の練習を続けていればよいのですが」

これは、気功についてだけの話ではありません。もっと重要な核心が示されているのです。それは、体とはエネルギー・パターン以外の何ものでもなく、それに気づいていようがいまいが、あなたがそれを操作しているということです。

「エネルギー」というのは、その実態を言い表すのにあまりうまい言葉ではありません。

「エネルギー」という言葉だけでは、体がどれぐらい活き活きとしているか、膨大な数の細胞がひとつの全体を作り上げるためにいかに協力できるか、そしてもしあなたが誰か他の人のポジティブなエネルギーを増やすとしたら、自分の細胞すべてがどのように驚異的に活性化するのか、ということを示していません。

「生命エネルギー」という概念は、欧米ではまだ広まっていません。なぜなら、生命エネルギーは何の物理的痕跡も残さないからです。

このエネルギーがどう流れるかという図表がなければ、懐疑論者たちは生命エネルギーを想像上のものとしてとらえます。

しかし、インドや中国には、まさにそのような図表に依拠している多くの治療法があります。

そうした図表は、純粋に直感を通してエネルギーの経路を「観る」ことによって描かれたものです。

鍼治療や指圧療法は、中国の治療法の中でも最もよく知られているものです。

ロサンゼルスの地元の鍼治療師を訪れた、友人のヘンリーからこんな話を聞いたことがあります。

「家のまわりで作業をしているときに、上腕の肉離れを起こしてしまった。痛みは自然にひくだろうと思ったが、その後3週間でどんどん悪化してしまった。前にも似たようなことがあったから、腱炎《けんえん》を起こしているのだとわかったよ。

かかりつけ医のところに行く代わりに、私はまず代替療法を試してみることにしたんだ。私は腕のよい鍼治療師を紹介してもらって予約を入れた。

その鍼治療師は、きっと役に立てるだろうと言い、私は施術ベッドの上に横たわると、彼は問題のある筋肉だけでなく、首や肩の他の場所にも、数ヶ所に鍼を刺した。治療が終わり、まさに帰ろうとしていたとき、その治療師は、私に鬱傾向があるかどうか尋ねたので驚いたよ。

私は前の年に母を亡くし、まだ悲しみが癒えていないとは思わないけれども、元気は出ないのだということを話した。

鍼治療師は、私のまわりに弱ったエネルギーが見えると言って、私の鬱傾向を見破ったんだ。そしてあとふたつか3つのことをさせてほしいと提案した。

私はもうこれ以上鍼を刺されたくなかったのだが、彼がしたのはそんなことではなかった。私の背骨に沿って数ヶ所を非常に優しく押さえたんだ。

また彼は同時に少し超能力的なこともすると言った。

鍼治療以外の施術がすべて終わるまでに10分もかからなかったが、彼はその分の代金を請求しなかったよ。

駐車場まで歩いて戻っている最中、腱炎がよくなったかはわからなかったが、気分は変化していた。

突然、とてもよい気持ちになったんだ。うきうきと足取りも軽くなった。

頭上の暗い雲が晴れて初めて、自分が長い間落ち込んでいたことに気づいたよ。

翌日、私はまだよい気分で、浮かれていると言ってもよい状態だった。

肩はすっかりよくなり、その鍼治療師のところにはもう行く必要もなかった。

その一回の訪問で、まったく期待していなかったヒーリングを得たというのは明らかだった」

変化を起こすエネルギー

健康なエネルギーと不健康なエネルギーの違いは、次のように要約できます。

- 健康なエネルギーは、よどみなく、流動的で、活力に満ち、バランスがとれ、穏やかで、肯定的な気持ちと関連している
- 不健康なエネルギーは、滞り、凍結し、こわばり、もろく、硬く、バランスを崩し、ネガティブな感情と関連している

あなたは、不健康なエネルギーを健康的なエネルギーへとシフトさせることによって、人生のいかなる側面も癒すことができます。

変化を起こす方法を見つけられない人々は、ひとつもしくはそれ以上の不健康なエネ

ルギーの特性と絡まり合ってしまっています。

うまくいかない夫婦間で交わす、凍結し、硬い憎悪のまなざしは、ある種のエネルギーの表出であり、一方、幸せな夫婦間で交わされる柔らかく愛情のこもったまなざしもまた、別のエネルギーの表出なのです。

物質的か、非物質的かということはもはや関係ありません。

あなたの体の中で穏やかに流れる健康的な血中脂肪が、冠動脈内で硬く滞《とどこお》った不健康な塊にもなりうるのです。

社会生活においては、互いに寛容な人々同士で交わされる穏やかで淀《よど》みない交流が、偏見や敵意という硬く滞った感情に変化しうるのです。


エネルギーは物質よりもずっとパワフルであるという、はっきりとした兆候をご紹介しましょう。

たとえば長寿に関する研究では、なぜ老年期になっても健康を維持できる人々がいるのか調査を行います。

その健康の秘訣は、よい遺伝子でも食事法でも禁煙でもありません。

またそれらと同じぐらい体によいものだとされている運動すら当てはまりません。健康な状態で90代もしくは100歳まで生きることと最も高い相関関係にあるのは、感情的回復力、つまり人生の挫折《ざせつ》から立ち直る能力なのです。

これこそ、健康的なエネルギーの特質のひとつである「流動性」とまさに合致するものです。

ハーバード大学医学大学院では、若年性心筋梗塞《こうそく》が中年期において起きる理由を調べるため、1940年代後半から若い男性の研究に着手しました。

主な相関関係は、高いコレステロール値でも、悪い食生活でも、喫煙や、座っていることの多い生活習慣でもありませんでした。

若年性心筋梗塞を免《まぬが》れた男性というのは、概して20代に心理的な問題が生じ、そうした問題を無視してやり過ごしてきた人々とは対照的に、きちんと向き合った人々でした。

心理的な問題とは「行き詰まり」「硬直した態度」「歪んだ感情」に伴うもので、エネルギーの重要性というものに私たちを再び向き合わせてくれるのです。

私の知り合いに、すぐにカッとなる性質の女性がいるのですが、彼女は最近ちまたに出回っている、汎用性《はんよう》のあるシナリオに個人名を入れ込む類《たぐい》のビデオを受け取りました。

当時選挙シーズンだったので、ビデオには「落選の原因となった一人の人物」というタイトルが付けられていました。

そのビデオは、一人の有権者が投票日に家にいたせいでいかにして大統領が選挙に敗れたかという、偽のニュース放送で、彼女の名前が表示されるというものでした。アメリカのほとんどの人はこういったビデオを、投票を促すための害のないものだと思うのですが、この女性は腹を立てたのです。そのビデオを広めている組織に怒りのメールを書き、プライバシーを侵害したと非難しました。

彼女の怒りは数時間続き、その間、彼女に近寄らないほうがよいことが家族にはわかっていました。

ここに、不健康なエネルギーが作用しているあらゆる兆候を見ることができます。彼女はすでに腹を立てるというパターンにはまり込んでいました。その怒りは硬直し、揺るぎないものでした。

怒りが治まるまでに時間がかかり、その怒りは、ネガティブな感情（怒りだけでなく、恨み、虐待、自己憐憫《れんびん》）を伴っていました。

一度怒りが爆発すると、外に向かう感情のほとばしりに対処しても、ほとんど意味はありません。

ビデオはただの冗談であると納得させたり、理性的になるよう懇願したり、他のもので気をそらしてなだめたり元気づけたりしても、どれも根本的な原因を見逃すことになるでしょう。

その根本原因とは、エネルギーに基づくものなのです。

現代医学は、ネガティブな感情がどのようにして身体症状に出るのかに関して、おぼろげには理解しています。

しかしここから治療につなげる有益な道を妨げている問題がふたつあります。まず、体の中の歪んだエネルギーが全体に広がってしまっているということ。

たとえば「がん気質」を定義することは不可能です。なぜなら病気の傾向にある人は、あらゆる種類の不調に見舞われやすいのです。となると、「不安感」と「がん」を一対一で結びつけることはできません。

ネガティブ思考と特定の不調との間に単純な関連性を見出すこともできませんし、ポジティブ思考をしていれば大丈夫ということもありません。

ネガティブな人々と比べれば、ポジティブな人の全体的な危険因子は一定の割合で多少は改善されるでしょうが、統計は何の答えも示してはくれないのです。

ふたつめの問題とは、不健康なエネルギーのパターンを突き止めても、従来の医療では治す方法がないということです。

精神医学は最も近いところにいますが、遅々としていて予測不可能です――従来の対話形式もしくは施術ベッドに横たわってのセラピーが何年も続くかもしれません。典型的な不安神経症や鬱の場合、投薬という手っ取り早い方法をとれば症状は軽減しますが、根本的な疾患を治すわけではありません。薬の効果は、飲むのをやめたその日になくなります。

それでも、精神医学は言葉や思考には分子を動かすことができるほどのパワーがあるという、エネルギーの領域へと私たちを導いてくれます。

一例を挙げると、たとえば10億ドルという医薬市場の黄金時代の幕開けとなった抗鬱剤のプロザックには、予期せぬ副作用がありました。

強迫神経症の治療に効果があることがわかったのです。

強迫神経症に苦しむ患者たちは、人生が自分の脳によって支配されている人々の完璧な例のように見えます。

彼らは同じ行為（手洗い、家の掃除、ナンバープレートの数字を足し算することなど）を繰り返すのをやめられず、どれほど頑張って追い払おうとしても戻ってきてしまう強迫観念で心がいっぱいになっています。

脳スキャンを撮れば、神経学者はそのような患者たちの異常な点――とりわけ眼窩前《がんかぜん》頭皮質《とうひしつ》への低血流量といったこと――に気づくことができます。

この領域は、決断することや柔軟に振る舞うことに関連しているのですが、これこそまさに強迫神経症患者にとってうまくいかないことなのです。

プロザックは、強迫神経症患者の脳に、通常の活動を取り戻してくれます。そのことがわかってから、神経学は行動を決定する多目的化学工場として脳をとらえるという方向に一歩近づきました。

しかし新たな発見は、同時にその見解に疑問を投げかけたのです。

強迫神経症患者がカウンセリングやセラピーを受けるとき、問題についてあらいざらい話すことも、またその症状を和らげるもので、脳スキャンを撮ると、薬を飲まなくても通常の脳の活動が復元されることがわかります。

このことは、論理的にも意味をなします。もしあなたが株式市場でお金を失ったことに落ち込んでいたとしたら、抗鬱剤を飲むと症状がやわらぐかもしれません。

しかし株式市場が急速に元に戻れば、同様のことが抗鬱剤よりもさらに効果的に起きるでしょう。なぜなら、そこにあなたは高揚感を感じる根拠があるからです。

この社会においてすっかり根付いてしまった習性とは、抗鬱剤のプロザックを安易に飲み、精神科医を飛び越してしまうことです。

そして結局再び非物質的なものより物質的なものを信頼するようになってしまったのです。

私たちはこうした先入観に打ち勝たねばなりませんが、どうすればよいのでしょう？

私たちは皆、早急に心理セラピーを求めるべきなのでしょうか？


社会はここ10年でさらに不安で鬱状態を増し、ほとんどの研究が抗鬱薬や安定剤への依存度が高まっていることを示しています。

ストレスレベルは、その原因が騒音だろうと、休憩なしの長時間労働や睡眠障害、仕事のプレッシャーであろうと、ますます上がり続けています。

このようなストレス要因に苦しむ人は誰でも、血圧上昇やコルチゾールのようなストレスホルモンの増加、不整脈といった体のバランスの著しい崩れが起こりがちになります。

精神医学は、このように多岐にわたる問題に対処することができないでいます。誰かの人生において一貫性を作り出してあげようとしても、社会システム全体が混沌《こんとん》とした状態にあるときには、ほとんど役に立たないのです。

真に必要とされているのは、幅広い視点に立った治療です。

もし、滞りやこわばりといったものからネガティブな感情に至るまでの不健康なエネルギーのすべての特質が一度に癒されることができるなら、あなたの体はすぐに健康という自然の状態に回復することができるのです。

体はすでに、健康的なエネルギーの流れの中で強く生きていく方法を知っています。

そのような治癒を見出すには、次の章で扱うさらなるブレイクスルーが必要となります。

あなたのエネルギーはどのぐらい効率的？

どんな生き物もとても効率的にエネルギーを使います。
オオカミやヒョウ、ネズミなどの動物たちも、どの食べ物を食べるか、食べ物はどこにあるか、困難をどう生き延びるか、そして自然のリズムに従う方法を本能的に知っています。

動物たちはその種にとって最適な方法で生命エネルギーを使っているのです。

私たちはというと、野生の生き物と異なり、供給されたエネルギーをどんな方法でも使ったり管理したりすることができます。

自分のエネルギーをどのように費やすかが、望ましい人生を送るか、または浪費や無駄の多い人生になるかの命運を分けます。

私たちは、自分の感情・知性・意識・行動・創造性をどのように表現するかで、自分のエネルギーを解析しています。

なぜなら、こういったすべての側面が微細なエネルギーを必要とするからです。カロリーを燃焼するよりずっと多くのエネルギーが注がれています。

エネルギーに関しては全体的《ホリスティック》に考える必要があります。なぜなら体と魂が一致したとき、人生や生活のあらゆる面が影響されるからです。

エネルギー効率とはどんなことを意味するのか、さらによりよく理解するために、次の一連の質問に答えてください。

それぞれの問いについて、どのぐらい自分に当てはまるかに応じて1～3で評価してください。

常に当てはまる時は「3」
時々当てはまる場合は「2」
少しだけ当てはまる場合は「1」
と点数をつけてみましょう。

breakthrough #2

□ 仕事は毎日定時に退社する。1週間に1日以上残業することはない

□ 毎日同じ時刻に寝起きしている

□ 自分の机は整理されている。未処理の書類などが溜まることはない

□ ぐずぐずしない。やりたくない仕事はすぐに対処するのがベストだと考える

□ ネガティブな考えを長い間、心に抱かない。恨みを抱いたり、仕返しの機会をうかがうタイプではない

□ 引き出しの中は整理されていて、ほしいものは簡単に取り出すことができる

□ 冷蔵庫の中は残飯で溢れていたりしない。冷蔵庫の中に入れたまま忘れていた古い果物や野菜が見つかって驚くようなことなどない

□ 自分の人生で関わる人々と感情的にどのような立ち位置で向き合うかわかっている。人間関係は互いにオープンで明快な関係にある

□ 自分の弱みを知っていて、克服するつもりでいる。明日の自分は、昨日の自分よりもきっと強くなっている

□ お金は上手に使う。貯め込んだり、無駄遣いしたりしない。クレジットカードの支払い残高を心配したりしない

○自分の給料は、今と将来のニーズに見合っている。自分は財務計画を上手に立てている

○自分の庭は四季を通して維持されている（もし庭がなければ、中庭、バルコニー、観葉植物、もしくは個人の環境に置き換えてみてください）

○自分は常にきちんと家事をしている。何週間も溜まったゴミやチリなどない

○買い物に行くと、必要なものを買って戻って来る。買い忘れや、走って店に戻るようなことはめったにない

○家族全員の状況を把握している。彼らの日常でどんなことが起きているかよくわかっている

○何かを成し遂げるのに、ぎりぎりになって慌てることはない。自分は予定を立てたり、自分の時間のバランスをとるのが得意だ

○自分の生活で仕事と遊びのバランスがうまくとれていると感じる。自分は楽しみながら仕事をしている

合計　　点

診断結果

43〜51点だった方

あなたは効率的な人生を送っていて、心地よさや満足感、物事をコントロールできていると感じることが多いでしょう。

時間とエネルギーの使い方もバランスがとれています。

あなたの存在は、すべての側面において注目を浴びるでしょう。

36〜42点だった方

あなたの人生はほぼコントロール下にあって、流れもよいでしょう。

放置している箇所はほとんどありませんが、時々、未処理の件すべてに圧倒されるように感じることもあるでしょう。

生活をよく見直してみれば、自分の時間とエネルギーをよりよく使い、さらに効率的にできる側面がわかるでしょう。

26〜35点だった方

あなたの人生は非効率的です。

あなたは物事が進んでいるというよりも空回りしているように感じています。コントロールできていないことが多過ぎて、日々の困難な出来事を乗り越えるだけで精一杯です。

もっと心地よく感じ始めるためには、もっと自分自身を律して、習慣を変えなければなりません。

だらしなさ、準備の悪さ、先延ばし、サボり、感情に駆られた衝動、怠け癖はエネルギーを浪費してしまうものなので、非効率なやり方を現実的な視点で見直しましょう。

17~25点だった方

あなたの人生はコントロール不可能で、自分の人生とは言えなくなっています。日々、何とかつじつまを合わせようと奮闘していますが、ほとんど失敗に終わってしまいます。

表面的にも何か非常に間違ったことが起こっているでしょう。

悪い状況か心理的に抑制されています。状況を打開するためには外部の専門家の助けが必要でしょう。

ご覧の通り、エネルギーはあなたの人生や生活のいくつものエリアに分散されます。人は奮闘している時、エネルギーを浪費しています。

それに対してはふたつの解決策があります。

「あなたの人生に微細なエネルギーの流れを増加させる」か「今あるエネルギーをもっと効率よく使う」かです。

微細なエネルギーの流れを増加させる最善の方法は、ブロックするのをやめることです。

今あるエネルギーをもっと効率よく使う最善の方法は、意識を拡大させることです。意識に内在する大きな秘密は、ほとんど何もせずして、何でも成し遂げてしまえることです。

「体」のひな型は「魂」で、魂は一切エネルギーを使いません。

いかに微細なエネルギーがブロックされ、歪められてしまうかを、より深く見ていきますが、この時点では、あなたは魂が発する際限ないエネルギーをさらに受け取ることができ、人生で活用することが可能だということに意識的になってください。

breakthrough #3

あなたの意識には「魔法の力」がある

体のエネルギーを上手にマネジメントするには、ブレイクスルーが必要となります。もし歪んだエネルギーがすべての問題の根底にあるとしたら、どうしたらそのエネルギーを通常の状態、つまり健康な状態に戻せるのでしょう？

私たちは、エネルギーをどう動かせばよいのか、誰からも教わっていません。私たちは物理面にのみ目を向けさせられてきましたが、それはあまりにおおざっぱなだけでなく、しばしば見当違いなものでした。

たとえば、愛を脳内の化学反応としてなぞらえるような医学文献があります。恋している人の神経作用は、ＭＲＩによると恋していない人のものとは確かに異なって見えます。

特定の領域が光り、セロトニンやドーパミンといった、幸福やウェルビーイングの感情とつながる主要な脳内化学物質の値に変化が見られるのです。

それでも「脳が恋を作り出している」というのは完全に間違いです。

夜遅くに車に乗っている自分を想像してみてください。

隣には、あなたがひそかに想《おも》っている人がいます。

しかしあなたは自分の想いを隠し、自分の心の内を表すことができません。

彼女（もしくは彼）はあなたのほうに身を乗り出し、耳元で何かを囁《ささや》きます。

その言葉が「愛してる」であるか、「愛していない」であるかで、まったく状況は異なってきます。

もしデートの現場にたまたまＭＲＩの装置があったなら、その言葉があなたを興奮させるものなのかしょんぼりさせるものなのか、脳の状態を示すでしょう。

しかし、脳自体がこうした状態を作り出したわけでないのは明白です。

それを行ったのは「言葉」です。

言葉は、あなたが心から知りたいと思っていたことをあなたに意識させたのです。

言い換えれば、あなたは自分が愛されているか否かを意識しました。

言葉は耳に入ると空気分子を振動させ、空気分子は鼓膜を振動させて内耳《ないじ》に信号を送り、大脳皮質の聴覚野《ちょうかくや》に伝わります。

こうした一連の事象は、たとえその言葉が外国語だったとしても起こりますが、あなたがその言語を理解しない限りは、あなたの意識は変化しません。

「意識」とは、意味が生じる場なのです。もしあなたが体を変えたいと望むなら、意識における変化が先に起こらなくてはなりません。

意識は目に見えない力で、あなたの体の中で最もパワフルな力として作用します。

見かけは何もしていないようですが、意識はエネルギーを動かしています。

ここに私たちが必要としているブレイクスルーが潜《ひそ》んでいるのです。

なぜなら、意識は、まったくの自力で、不健康なエネルギーを健康なエネルギーへと変換させることができるからです。これこそ意識が独自に持つ魔法の力なのです。

real story #3 ── デイヴィッドの場合

意識がどのように作用するかについては、謎に包まれています。

まずは、すべての人の生活に関わること、つまり「見る」ということの謎から話を始めましょう。

何かを見るとき、あなたはそれを意識しています。

そしてそれだけで、まったく新しい方向へと体を動かしていくのに十分なのです。

現在30代のデイヴィッドは、双子として生まれました。

しかし双子のうち彼だけが、心臓に少し遺伝的な欠陥を持っていました。

「私はラッキーでした。生まれてすぐに心臓の治療をしてもらえたのです」

彼は好意的に受け止めています。

「私からしてみると、兄と違ったふうに扱われる理由はありませんでしたが、幼い頃から私が危険そうなことをやろうとするたびに、母が心配そうな表情をしたことを覚えています。兄に対しては、母はそのような表情を見せませんでした。

そして4、5歳になる頃までには、兄は強く、私は繊細だと思われるようになっていました。

私の家族は、少なくとも男性陣は皆アウトドア派です。

もし狩りや釣りをすれば、皆から肯定的な目で見られました。

もし室内でずっと読書をしていたら、無関心もしくは心配そうな目で見られました。

もちろん、子どもを見つめること以上に大切なことは子育てにはたくさんあります。

私の両親は私たちを平等に扱い、同じように愛そうと最善を尽くしました。

私は自分が双子のうちの弱いほうであるということを受け入れていました。

しかし、やがて大人になると、両親がいかに間違っていたか、驚かされることになったのです。

兄は結局大きな成功を収められませんでした。三流会社に勤め、また彼の本当の情熱は狩りや釣りに向けられていたため、それらこそ彼が打ち込めるものでした。

私は常に目立たない存在でしたが、後に奨学金を得て、兄よりずっと高い教育を受け、一流大学で教える仕事を得たのです。

私たちは二人とも今現在の姿になるよう方向付けられていたのだと認めるのに、何年もかかりました。

もし母がゆりかごの中で私たちをうっかり取り違えていたとしたら、私は狩りや釣りをし、兄は学者になっていたでしょう。

このことは私を深く考えさせます。記憶が芽生える前の最初の3年間に何が起こったのでしょう？　両親は、ある観点を持って私を見ていました。

そしてその結果、幼い子どもの持つ素材はある一定の方向へと形作られたのです」

これは、「見る」ということのひとつの例ですが、他にも多くの例が思い浮かびます。私たちは、愛する人々を見るとき、愛していない人々に対するのとはまったく異なるふうに見つめます。

もし身近な誰かが何か過ちを犯したら、私たちの視線にはたいてい「同情」「寛大さ」「許し」が含まれます。愛していない人にはそうしたものは向けられず、代わりに「批判」「裁き」「敵意」が向けられるのです。

あなたの視線は受け身なものではありません。意味を伝えるものです。視線によって、相手に何かを気づかせるのです。言い換えれば、あなたの意識が彼らの視線に語りかけ、そしてそれだけで脳内に変化を生み出し、体の他の部分にも変化をもたらすのに十分なのです。

視線がもたらす結果には制限がありません。ある男性がある女性を間違った方法で見てしまったとき、その場に彼女のことを自分の恋人だと思っている男性がいたら、路上で暴力沙汰《ざた》が起こるかもしれません。

鍵となるのは、ネガティブな効果ではなく、ポジティブな効果を生み出すことです。自分は、宇宙からのシグナルを受動的に受けている、ある種の電波望遠鏡のようなものであると思い込むのは間違っています。

「見る」ことは能動的な行為です。あなたはエネルギーを送り、相手からもエネルギーを受け取っています。

あなたは、「愛」「理解」「受容」「寛容」の気持ちを持って見ようと決意すればよいのです。

そうすると、これらの特性が、あらゆるもの、あらゆる人に恩恵を与えるような力をあなたの周囲に及ぼすのです。

体の意識

もしも体が意識に対して反応しなければ、意識もパワーを持ちません。しかし意識に対する体の反応というものが実際にどれほど大きいか考えてみてください。

もし皮膚の下に不審なしこりを見つけたら、病院に行くことによって、そのことが問題かどうかわかるでしょう。もし問題だったとしても、その脅威の度合いは軽いかもしれませんし、深刻かもしれません。

たとえば「大丈夫。何も心配することはない」「困ったことになった」「危険な状態にある」「もうだめかもしれない」といった意識の状態が、それぞれ体に大きく異なる反応をもたらします。

悪い知らせを聞いたとき絶望するように、その反応が心理的なものだったとしても、身体的な反応もあるはずです。精神上で何かが起きると、脳の化学成分が変異しますが、実際にあなたの体はすべてを把握しているのです。

全身のあらゆる細胞が、あなたの脳が考えていることや、あなたの気分がどう変わるか、あなたの心の奥にある信念が何か、わかっています。

意識が変容するにつれ、あなたのエネルギーも変化し、そして体も変わるのです。

こうした一連の事象は、次のような経路をたどり、目に見えない領域から目に見える領域へと移行していきます。

意識 ▼ エネルギー ▼ 身体

この図式はシンプルに見えますが、深遠なブレイクスルーをはっきりと描いています。なぜなら、これは、ともすれば神秘的ともいえる医学的発見について説明しているからです。

たとえば、心臓発作を防ぐための研究プロジェクトの中でも最も有名なもののひとつであるヘルシンキ・ビジネスマン・スタディの結果(「フィンランド症候群の名で知られる研究」)について誰もまだ理解できていません。

心臓病リスクの高い中年フィンランド人男性をふたつのグループに分けた実験です。ひとつは年に数回病院へ行き、減量についての一般的なアドバイスを受け、食生活に気を付け、煙草《たばこ》を吸わないといったことぐらいの無頓着《むとんちゃく》なグループ。

もうひとつは厳格にルールを守り、高血圧や高コレステロールといった、特に心臓発作のリスクとなるような要素を減らす特別なプログラムに参加するグループでした。

研究の結果、厳格ではない無頓着なグループのほうが全体的に死亡率が少なかっただけでなく、心臓発作による死亡も少なかったことに研究者たちは驚きました。

なぜこのようなことが起きたのでしょう?

もしかしたら常に心臓のことを心配し、あまりに頻繁に病院に足を運んで、医師の不安な表情を見過ぎたことが、健康上のリスクになったのかもしれないとコメントした研究者もいました。

意識のレベルから考えると、この説明は道理にかなっており、また多くの、さまざまな研究結果をも解明しています。

若年性の心臓発作を防ぐためには、コレステロールの摂取を減らすよりも、20代で心理的な問題に直面しておくほうがより効果的であることも事実です。

感情的に立ち直りの早い高齢者のほうが、感情的な立ち直りは遅いものの、ビタミンを摂って定期的に健診を受けている高齢者よりも、健康で長生きする可能性が高まります。

このような発見は、体を構成するふたつの土台である意識とエネルギーを無視してしまったら、ただの神秘になりさがってしまいます。

あまりに多くの人が、このつながりを見出せないまま自分の体と闘うことになってしまっています。

依存症や渇望という領域全般について考えてみてください。

体重の増加を止められない人々は肉体的な渇望が過食を強《し》いているように見えますが、それは正常な空腹状態ではなく、度を超えた「食べたい」という衝動にかられているのです。

しかし実際は、身体的衝動は実際に何が起こっているのかを覆い隠しています。体は、意識の中で始まった行動の歪んだパターンから抜け出せなくなってしまっているのです。

あなたが渇望を感じるとき、どんなことが起きているのでしょうか？

あなたは二方向に引き裂かれます。

つまり、抵抗しようとする衝動が、欲望に屈したいという本能と戦っているのです。

たとえば、夜中に目が覚めてアイスクリームが食べたくてたまらなくなり、あなたは1階の冷蔵庫の前まで行きます。その瞬間、チョコレートチップアイスを容器ごと食べようか迷い、その衝動を拒絶するかもしれません。

しかしその習慣を変えることはしないでしょう。

あなたの意識は自分自身と闘っているのです。

過食をする人に繰り返し起こるこうした葛藤《かっとう》は、悪癖にパワーを与えてしまいます。

なぜならあなたのすべてのエネルギーが、解決する方向ではなく、自分自身との闘いへと向かってしまうからです。

もし解決策が葛藤の次元に存在していたとしたら、どちらか一方が勝つでしょう。

渇望があなたの抵抗より勝るか、あなたの抵抗が渇望に打ち勝つかどちらかです。

しかし結果は変動を繰り返すだけなのです。

身体的な渇望をやり過ごすのは難しいことです。

なぜなら悪習慣は常に、体が繰り返し従ってしまうお決まりの型を作り出すからです。

渇望とは、必ずしもアイスクリームの甘い味や、元気をくれる煙草の一服といった物質的なものに向けられるわけではありません。

かんしゃくを起こしたり、小さなことにうじうじ悩む癖なども渇望のひとつなのです。

怒りと不安は、空腹感などと同じように体で感じるものです。

権力や金を渇望している人は、それをほとんど性的なものとしてとらえます。

勝つことを渇望している人は、勝利をアドレナリンを刺激する高揚感のほとばしりとして表現します。

体は、欲望を非常に巧みに、完全に、そして静かに映し出すため、一連の出来事を意識まで遡《さかのぼ》ってみることは容易ではありません。しかし、もし自分の渇望にふりまわされたくないなら、意識にまで遡る必要があるのです。

私たちは皆、何も渇望しない意識の次元を持っています。その次元では、「アイスクリームを容器ごと食べるか食べないか」という葛藤とは無縁です。

このような意識の次元にいるとき、食べるというエネルギーは活性化しておらず、エネルギーがないときは体は行動しません。

日々の経験が、このことを立証しています。たとえば悲しみに暮れているときは、食欲がなくなるといったことです。意気消沈しているときや、とても心配しているとき、また恋に落ちているときにも同じく食欲はなくなります。「こんなときに食べることなんて考えられない」という言葉はよく耳にしますし、そしてそれは正しいのです。

あなたは自分の意識の焦点を食べることに対して合わせることができず、したがってエネルギーもそこには注がれず、体も空腹を感じなくなるのです。

ここでの問題とは、エネルギーが不健康なパターンにはまり込んでしまうと、意識も同じように不健康なパターンにはまり、ゆえにいわゆる「気を紛らわせるために食べる」ということが、正常な反応とは真逆に反応するよう条件付けられてしまうのです。

そのような人々は、悲しみ、憂鬱《ゆううつ》、不安に陥ったときに過食に走ります。体の中で意識をどのように作用させるのかについては、あなたが習得するしかありません。体が勝手に行ってくれることではないのです。

あなたの心の状態が、膨大な数の細胞に対して身体上の課題を設定します。そして細胞自身はその課題を覆《くつがえ》す力を持たないのです。

次に、意識を習得するとはどういうことかを示します。

あなたが完全に意識的なとき

- 自由自在に自分の内側に入ることができる
- 自分の内側にある、平和で静寂な場を熟知している
- 内なる葛藤によって自己分裂することがない

- 周囲の混乱から超越し、影響を受けずにいることができる
- 拡大した視野で世界を見ている
- 自分の内側の世界は整然としている

これが、渇望から超越している状態です。

あなたがチョコレートチップアイスの容器にスプーンをつっこみ始めても、体は即座にお決まりのパターンにはまることもなく、心も「食べるか、やめておくか」という葛藤を始めることもありません。その代わり、他の考えが自由に心に浮かんできます。

「心が動揺しているから食べようとしているのだろうか？」
「これは、現状に対処するために、本当に私がしたいことなのだろうか？」
「自分の生活からストレスをなくすこととアイスクリームはどんな関係があるのか？」

これらは、あなたを渇望から解放してくれる思考です。あなたは自分がしていることがわかっており、そしてそのおかげで一歩引いて考える余地が生まれるのです。

真に意識的であるとき、物事を見る力は常に身近なものとなります。意識的でないときは、常に盲目に近い状態になってしまっています。

渇望することが根深い習慣になってしまっていると、その習慣的な反応を変えることはいっそう難しくなります（食欲をそそる食べ物をひと口食べてしまうと、最後のひと口がなくなるまで無我夢中になるのがどんな感じかおわかりでしょう）。

心理学者は、このようにありがちな習慣を表すのに「条件付け」という言葉を使っています。古い条件付けは、自由から私たちを遠ざけます。

なぜならあまりに根深いお決まりの型に何度も繰り返しはまり込むからです。一方、そうありたいと望む新しい行動については、まったく型ができあがっていません。

古い条件付けにとらわれてしまっているこうした状況は、独自の意識を生み出しています。

あなたの意識が条件付けられているとき

- 自分の中心を見つけられないので、衝動によってふりまわされている
- 平和で静寂な場を知らないので、常に不安感がある
- 矛盾する衝動が互いに闘っている
- 周囲の混乱が自分の心をかき乱し、動揺させる
- 狭い視野で世界を見ている
- 自分の内側の世界は、まったく秩序立っていない

私たちは、条件付けられている状態が人生に制限を与え、自分を充足感から隔《へだ》ててしまうことを、ある程度は知っています。

「無条件の愛」という言葉が、どのようにしてかくもポピュラーなものになったかを考えてみてください。

人が無条件の愛を求めるとき、彼らは通常よくある「非常に条件付けられた愛」を超越したいと望んでいます。

条件付けられた愛とは、不安定で、不確かで、壊れやすく、妨害されるものです。この愛は常に、嫉妬《しっと》や怒り、倦怠《けんたい》、裏切り、もしくはより魅力的な対象が現れたら単なる気まぐれのえじきとなりえます。

しかし私たちには、無条件の愛は存在するに違いないという直観があります——伝統的には「神の愛」がこの願いを叶《かな》えていましたが、今ではその追求の対象はもっと世俗的なものになっています。

私たちは現実に存在する人間を無条件に愛したいと願い、同じく無条件に愛されたいと願っているのです。

もしあなたが通常の環境下での人間性を見ているとしたら、この欲望は現実的ではありません。しかし意識が古い条件付けからシフトすることができた場合、それは現実味を帯《お》びてくるでしょう。

もしあなたが自分自身への無条件の愛という状態に到達することができるなら、あなたは完全に新しいエネルギー状態となり、改めて自由に愛することができるようになっている自分を見出すでしょう。

意識は、無条件の愛をもたらすパワーを持っています。無条件の愛をもたらす方法は、アイスクリームへの渇望に終止符を打つ方法と同じです。

あなたは、自分の古くて不健康な条件付けを乗り越える方法をわかっているのです。

条件付けを終わりにする3つの方法

自分が実際にどれぐらい条件付けられているかをいったん理解すると、人生をコントロールする力を再び取り戻したくなってくるでしょう。

なぜなら、条件付けされた習慣はすべて、固定行動が設定された自動スイッチのようなものだからです。

ではいったい何が、このようなスイッチを作っているのでしょう？

それは時間と繰り返しです。体は、あなたが繰り返し行うことに適応します。

身体的なパターンよりもエネルギーのパターンを設定するほうがずっと簡単で、一度設定されてしまうと、それを変えるのはずっと難しくなります。

たとえば、もしあなたが定期的なジョギングを始めるなら、3ヶ月から5ヶ月でなまった体を鍛えて40キロマラソンを走れるようになります。

時間と繰り返しによって、つまりこの場合、3キロから8キロの距離を定期的に走ることですが、あなたの体は、自分が設定した課題に適応します。

つまりあなたは意図的に条件付けしたわけです。

マラソンを終えた後、もし走るのをやめてしまえば、あなたの体は1年以内に、通常その半分の時間で、なまってしまうでしょう（ある研究ではもっと極端な結果を示しています。もし身体的に絶頂期にある大学生アスリートが病院のベッドに寝たきりの状態となり、起きることを許されなかったとしたら、2週間のうちに10年かけて鍛えた筋肉が失われるそうです）。

こうした要素をメンタル的な条件付けと比較してみてください。

ひとつのトラウマになるような出来事（ひどい交通事故、何かの犯罪の被害者になること、テロリストの攻撃で生き残ること）は、身体的条件付けよりもずっと早く、あなたの意識を瞬時にして様変わりさせます。

一度刷り込まれると、精神的トラウマは執拗《しつよう》に繰り返し現れ続けます——イメージ、思考そして感情は無意識に心の中を動き回り——そしてそのようなパターンは変化しにくいのです。

最も極端な例は、薬物依存症です。なぜなら、ドラッグを使いたいと思わせる精神的要素は、たとえ体から毒物を取り除いたとしても残り続けるからです。

古い条件付けを打ち破る方法は3つあります。それは、内省、熟考、瞑想です。パワーは、この順にどんどん強まります。瞑想が最もパワフルです。

私たちは皆、これら3つの言葉をあまり区別することなく用いますが、それぞれが異なる意味を持っています。

内省　古い習慣、信念、思い込みをもう一度見直してみること

熟考　思考もしくはイメージが、できるかぎり拡大するまで集中すること

瞑想　条件付けされていない心の次元を見つけること

私たちは（少なくともこの瞬間は）これらを実践することのスピリチュアルな意味合いに興味を持っているわけではありません。

ここでの第一の関心事は、それら3つの方法が、滞ったエネルギーを動かして古い条件付けを変えるのに効率的かどうかということです。

まず、それぞれの方法の効き目は非常に異なります。

そして予想に反して、特定のエネルギーのパターンを攻撃することに焦点を当てれば当てるほど、それを取り払うことがうまくいかないということが判明しています。

内省とは、一歩ひいて、鏡に姿を映すように、自らを省みることです。より落ち着いた状態で、過去の瞬間について考え直したり、再考したりすることと同じです。

たとえば、あなたが突然の衝動（上司に文句を言ったり、配偶者の元を去ったり、美人をデートに誘ったりしたくなるといったこと）を感じたとして、一方で、それが本当によいことなのかどうかじっくり考えるといったことです。

内省は、即断することではなく、経験することを重要視します。もしあなたが物事を新しい観点で見ることができるなら、内省は、古い条件付けを打ち破る方法として効果的です。

熟考とは、あることを心の中に抱いて、それを展開していくことです。たとえば、信心深い人は神の慈悲について熟考するかもしれません。そのためには、慈悲のイメージを観《み》たり、慈悲深いとはどういうことか、あるいは慈悲を受けるとはどんなものか感じたりしつつ、そのテーマについて心の中でじっくり思いを巡らします（私が微細な行動と呼んでいるものとの関連性にお気づきかもしれませんね。両者は似ています。しかし微細な行動は背後に特定の意図がありますが、熟考には意図はなく、意図さえ手放す方法です)。

もしそのプロセスが本当に展開されれば、熟考する心は非常に深いところまでたどり着くことができます。

その主な効果とは、単独の分離した細部に焦点が当たらないよう心が鍛えられることです。そういった細部へ焦点が当てられると、あなたが手放したいと望んでいる葛藤へと常に導かれてしまうでしょう。

そしてこれまで見てきたように、葛藤は何度も何度も同じ闘いを繰り返すことにより、条件付けをさらにいっそう悪いものにしてしまうのです。

熟考は、宗教やスピリチュアルな修行と結びつける必要のないテクニックです。何か悪い習慣をとりあげ、それについてじっくりと、答えが浮かんでくるまで熟考することができます。その答えは、あなたのエネルギーを新たな方向へと動かすでしょう。

瞑想とは、条件付けされていない意識の次元を探求することです。

瞑想すると、不安定で混乱した心を、クリアで安定したより高次の状態へと導いてくれます。

このプロセスは、「超越すること」として知られています。瞑想には数え切れないほどの種類があり、そのルーツの多くは多くはインドと中国に端を発し、東洋中に広まりました。

インドから始まったものも中国から始まったものも、いかにして現実が作用しているのか、その仕組みに関しては同じ概念を共有しています。

現実は、微細な次元からより大きな次元へと流れます。

まず静寂と平静があり、そして心の中の微細な対象（思考、感情、感覚）があり、最後には個体としての物質、そして物質世界そのものがあります。

瞑想では、この流れを遡っていきます。

つまり、物質世界を超越し、思考、感情、感覚で充満している心を超えて、静寂と平静に到達するのです。

しかしながら、この旅には主観的な経験以上の意味があります。

静寂の中で座るのも、目まぐるしい思考をしつつ座るのも、もし両者が単なる主観的な経験であるならば、さほど変わりはありません。

実際には、あなたは現実のひとつの次元から別の次元へと超越しているのです。

それぞれの次元は異なる種類のエネルギーを有していて、より高次のエネルギーを取り込むにつれ、あなたの体はそれに適応していきます。

長期にわたって瞑想を行う人々を調査したところ、血圧やストレスホルモンの値が下がるといった、健康を示す指標が改善されることがわかりました。

しかし、体はさらにもっと深遠な方法で適応することができるのです。

もしあなたが心の中の正しいツボに触れれば、長期にわたって見られたエネルギーの歪みを即座に消すことができます。

内省や熟考とは違い、瞑想の目的はあなたの古い条件付けによって作られた無意識下での行動を止めるスイッチを見つけることなのです。

突然の落雷のように劇的な変化が起きるといっているわけではありません。

瞑想はあくまでもプロセスで、時間がかかります。

しかしそのプロセスは突然の変化を引き起こしうるのです。

それはまるで、深く深く井戸を掘っていき、何層もの泥を掘り出していっているうちに、ある日突然きれいな流水に突き当たるといったようなものです。

私はこのようなことを経験した大勢の人たちに会いました。

あなたを癒しの道へと導くシンプルな3つの瞑想

① 呼吸の瞑想

目を閉じて、静かに座ってください。

あなたの注意を鼻先にそっと向けてください。

いつも通りに息を吸って吐いてください。
呼吸しながら、空気が鼻腔《びくう》を通って流れるのを感じてください。

呼吸を、鼻に入っては出て行く
おぼろげな金の光でできた薄雲のようなイメージでとらえましょう。

呼吸によって運ばれるやわらかいエネルギーを感じてください。

呼吸で自分をリラックスさせ、心を静めてください。

でも、あくまでも気軽な感じで行い、
そして何かが起こることを強制しないでください。
そのプロセスは放っておいても自然に起こるでしょう。

気が散るのを防ぐために、
息を吐くときに「フー」と音を出してもよいでしょう。

② 心臓の瞑想

目を閉じて、静かに座ってください。

あなたの注意を心臓に向けてください。

解剖学的に正確である必要はありません。
ただ、胸の中心に、あなたの注意を簡単に向けられる場所を
見つけてください。

自然に息を吸ったり吐いたりするたびに、
そこに注意を向け続けてください。

どんな気持ちや感覚が湧いてきても、過ぎ去っても、
起こるがままにしてください。

もし気が散っても、そっと注意を胸の中心に戻してください。

3 光の瞑想

目を閉じて、静かに座ってください。

金色を帯びたやわらかい白い光が
体中を流れるのをイメージしてください。

足元から光が昇ってきて、胴体を埋め尽くすのを感じてください。

胸から頭を昇って頭頂部から出て行き、
視界から消えるまで、イメージしましょう。

そして今度は同じように降りてくるきらめく光が、
頭頂から入ってくるのをイメージし、先ほどの上る道筋とは反対に、
頭から胸、そして胴へと向かい、足の裏を通って

体の外へと抜け出ていく様子をイメージします。

この可視化を一度マスターしたら、呼吸とリズムを合わせてみてください。

息を吸う時、足元から入って来て、頭のてっぺんに至る
光のビジョンをゆっくりと描いてください。

息を吐くとき、光が頭のてっぺんから入り、
足元を通って出て行くビジョンを描いてください。

無理にリズムを作ろうとしてはいけません。

可視化を行うにあたっては、リラックスした状態で、
ゆっくり自然に呼吸してください。

もっとゆるやかな意識

目を使った運動を行うと、「ゆるやかに焦点を当てる」ことを通して、いかにしてビジョンをゆるめるかがわかるようになります。

不健康なエネルギーは、硬質で、硬直し、滞っているので、どうすれば「ゆるやかな意識」を持てるようになるか覚えることは役に立ちます。

この「ゆるやかな意識」とは、もうろうとした至福感のようなものではなく、オープンでリラックスしていて、受容力がある心の状態のことです。

そのような状態にあると、壁を築いたり拒絶したりするのではなく、人生の流れに乗る最良の機会が与えられます。

視野に関して言えば、「一点に絞った焦点」は非常に限定されたものです。

いわば狙いを定め、視界の中に一点の標的を持つようなものです。

ゆるやかな焦点は、ビジョンの場を広げます。

一本の木だけを見つめるのではなく、森全体を見るのです。

このアプローチが視力改善につながるかどうかはわかりませんが、この方法を心へ応用すると非常に役に立ちます。

きっちりと焦点を絞った心は拡大することができないので、狭く直線的になります。ひとつの狭い線路内に閉じ込められている電車のように、狭い精神的惰性に従うという罪を私たちは皆犯しがちです。

私たちの心は、一度につき、ひとつの思考を経験します。

この習慣のために私たちは真の理解ができなくなっていますが、あなたの心とは、次から次へと起こる思考という事象以上のものなのです。

逆に一度にひとつの思考をするよう心をコントロールしようと試みるのはさらに無駄なことです。

思考を判断したり裁いたりすること――嫌な思考を拒絶したり、賛成しかねる思考に検閲をかけたり――にどれだけ長い時間をかけるにせよ、あなたの心はそうした思考を生み出し続けることでしょう。

事実、罪の意識がある人なら誰もが知っているように、悪い思考は戻ってくるものなのです。

ゆるやかな焦点は、心を全体としてとらえます。

あなたは、どんな思考が湧いてきても受け入れ、思考を大きなスクリーン上で起こることのようにとらえます。

思考の果てしない流れはもはや問題ではなく、変化を起こす格好の材料となります。

そのおびただしい思考の流れをコントロールすることはできません。

またコントロールしようと思うべきでもありません。

なぜなら、心のすばらしさとは、非常に多くの源泉を持っていることだからです。どんな心の出来事も一時的なものです。その瞬間だけに存在し、そのうち消えていきます。

しかし不思議なことに、今この瞬間は永遠とつながっています。

なぜなら今この瞬間だけが、常に刷新される唯一の瞬間だからです。

あなたが自分の心を見つめるとき、ゆるやかな焦点を通していますか？

それとも固く絞られた焦点を通していますか？

breakthrough #3

固く絞られた焦点

ここで実践的な判別をしてみましょう。

- ◯ まわりに気を使ったり心を酷使しているため、非常に疲れる
- ◯ 罪悪感や恥ずかしい思考に強い反感を覚える
- ◯ 嫌な記憶は思い出さないよう見えないところに押しのける
- ◯ 自分の思考をもっとうまくコントロールできたらと思っている
- ◯ 過ちを犯したら自分を責める。自分のことを愚か者とか馬鹿者と呼ぶ
- ◯ よい衝動と悪い衝動との間で葛藤する
- ◯ 見たくないイメージは、どのみち自然に現れてきてしまう
- ◯ 自分がよい人間か悪い人間か、強い声が決めつけてくる

○予期せぬことが起きる場合に備えて、ついつい用心深くなる
○神に見られていることを知っているが、考えないようにしている

ご存じのように、固く絞った焦点は、心が持つ癖以上のものを表しています。

それは、あなたが自分自身とまわりの世界に対して向けている注意の特性なのです。

「見る」という行為は、決して中立的なものではありません。

もしあなたがいつも何か悪いことが起きるのではないかと心配し、どんなリスクに対しても慎重で、過剰に用心深いなら、あなたの注意の特性は不健康です。

常に自分はがんではないかと疑い、年に二回病院の健診に行く女性のことが思い出されます。

彼女の健診結果は50年間にわたって問題ありませんでしたが、あるときついにがんであるということがわかりました。すると彼女は『やっぱりね。だから言ったでしょ』と一人納得して言いました。

医師たちは、患者とは頑固なものだと強調するためにこのエピソードを使いますが、

その女性が、最悪の悪夢がついに現実となるまでの50年間、どのような人生を送ってきたかについて、私は思いを馳《は》せずにはいられません。

ゆるやかな焦点を持つと、今述べたものとは違った特性が形成されます。

ゆるやかな焦点

○心は穏やかで、酷使されていない。ここに存在していること自体を楽しんでいる
○罪悪感や恥ずかしい思考に怖《おそ》れを感じていない
○記憶は自分の経験を網羅《もうら》していて、その記憶をありのままに受け入れている
○思考をコントロールしようとしない。思考は自由に浮かぶほどよいものだ
○過《あやま》ちを犯したら、受け入れ、すぐに切り替える。自分のアイデアすべてが完璧でもすばらしいわけでもなく、過ちは往々にして最高の教師となる

◯ よい衝動と悪い衝動は対照的だが、その両方にまたがっている。時々いわゆる悪い思考に人知れず喜びを感じることもあるが、自分の経験の別の側面に過ぎないと知っている

◯ 不快な心的イメージにも怖れや嫌悪を感じない。自分の心の闇《やみ》にも適応できる

◯ 自分が悪いとか無価値であるといった批判的な声によって苦しめられていない

◯ 間近に起こりうる災難に対して身構えたりしない

◯ もし神が自分を見ているとしたら、神は目にしているものを認めているはずだ

各項目は、あなたの人生に対する新しい取り組み方を示しています。

このリストを眺めてみると「固く絞られた焦点」のいかに多くの側面を、あなたがポジティブなものとして受け止めてきたかということに驚きを感じるかもしれません。

もうそんなふうに受け止めないでほしいと私は願っています。

自分の心と関わる際に「ゆるやかな焦点」を持つほうが、より健康的な方法であるということが一度わかれば、もっと簡単に自分の人生にポジティブな変化をもたらすこと

ができるでしょう。

結局、あなたが癒すことができるのは、あなたが見ているものであり、あなたが見ていないものはそのままの状態にとどまってしまうのです。

心の習慣は、とらえどころがないものです。

「固く絞られた焦点」が直接的に体を傷つけていて、「ゆるやかな焦点」は体を癒すということを、現時点では証明することはできません。

しかし、体はエネルギーに過ぎませんし、エネルギーは意識によって変えられるものなので、健康的な意識を持つことが価値あることであるのは明らかです。

私たちは一般的に、生まれたときから両親、学校、仲間、社会からの影響を受け、もろもろの理由から物事にポジティブな価値を付与していきます。

よくも悪くも、こうした影響により、信念や仮説が固定され、心を狭めてしまいます。

もしあなたが、善悪の区別を厳格に行い、自然と裁かれ、完璧さと規律と自制心が説かれるような家庭環境に育ったとしたら、こうした影響のすべてが、時間の経過とともに内在化するでしょう。

子どもは、自分の心が形成されていくことを拒絶しません。

社会的な次元においては、私たちは「英雄」と「悪者」、「私たち」と「彼ら」、「勝者」と「敗者」という観点から世界を見ることにすっかり慣れてしまっているので、このような厳しい区分けをすることが心の習慣となるのです。

固く絞られた焦点からゆるやかな焦点へと移行するには意識的なシフトが必要です。そしてそれは硬直した習慣を固定化してしまうエネルギーを解放する、パワフルな方法なのです。

breakthrough #4

あなたは遺伝子を「改善できる」

複雑に絡み合ったさまざまな要素の背後に隠れているシンプルな真実を見ることから、ブレイクスルーが起きることもあります。

体に関する要素の中で最も複雑なものは遺伝子です。しかしその背後にはシンプルな真実が存在しています。それは「あなたは自分の遺伝子を変化させることができ、自分の遺伝子を改善することすらできる」ということなのです。

食べる、体を動かすといった単純な行為をしているとき、あなたは遺伝子に話しかけています。

ですから、最近の研究でわかってきたように、健康的な食生活、十分な運動、瞑想の実践などによって生活習慣を大きく変えている人々は、約５００もの遺伝子に影響を与えるような変化を引き起こしているのです。

その変化は数週間のうちに始まり、新しい生活習慣を支えていきます。

遺伝子は静かな目撃者として離れたところから傍観しているだけではないと、私たちは最初から疑うべきでした。

強い感情も、遺伝子を変化させるに十分なのです。なぜなら、感情は脳の化学反応に変化を起こすからです。

脳細胞は、悲しみや幸せ、自信や恥じらいなどの感情によって、遺伝子から命令を受けて新たな化学物質を分泌します。

脳細胞という、体の中で最も安定しているように見える箇所が、実は驚くほど流動的で柔軟だということがわかります。

生命の暗号とは、永遠に流動するメッセージなのです。


生物学者たちは、かつて、生物は固定されて変化することのないひとそろいの遺伝子を持って生まれてくると主張していました。

今でも多くの人々は、生物学者たちがそう主張していると思っています。

しかしそれは、あたかも私たちが決して変化することのない両手を持って生まれてくると言っているようなものです。

実際に、もしあなたがピアニストで、レンガ職人となった双子の弟がいるとしたら、あなたの二本の手は、その弟の手とは「見た目」「柔軟性」「技術」に関して完全に異なったものになるでしょう。

そのような違いは、異なる脳のパターンにおいて反映されるものです。

あなたの運動皮質にはピアノを弾《ひ》くことが刷り込まれ、双子の弟の運動皮質にはレンガを積むことが刷り込まれます。

一卵性双生児は、同じ遺伝子の組み合わせを持って生まれてきますが、70歳になったときに遺伝子分析をすれば、二人の遺伝子はまったく異なるものになっているのです。

生物学者たちの間で変化したのは、遺伝子はスイッチがオンになったときにのみ影響を与えるという認識です。

遺伝子は、スイッチが入らないと、何の影響力も持ちません。

双子がまったく同じであるのは生まれたときだけで、それぞれ独自の経験をしながら人生を歩んでいきます。そしてその経験が、ある遺伝子のスイッチをオンにし、ある遺伝子のスイッチをオフにします。

人間の体とは、スイッチをオンにしたりオフにしたりするという一生涯続くプロセスの最終的産物なのです。

この時点で、3つの可能性が考えられます。

● 遺伝子は、決められた予定通りにスイッチがオンになったりオフになったりするの

かもしれない

●遺伝子は、個人の行動や経験しだいで、スイッチがオンになったりオフになったりするのかもしれない

●遺伝子は、右のふたつが混ざりあった理由から、スイッチがオンになったりオフになったりするのかもしれない

右の3つの可能性のうちふたつには、遺伝子スイッチのオンオフを自分で選ぶ余地が残されています。

これはよい知らせです。なぜなら、何十年もの間、遺伝子は固定されているものだと思われていたからです。

遺伝子は私たちに遺伝性の特徴を与え、体に起きることを決定します。

そこに選択の余地はほとんど残されてはいませんでした。

しかし、同じような遺伝子の様相を持った70歳になるためには双子である必要はな

く、それはあらゆる人に可能なことなのです。

あなたには、同じ3つの可能性が作用しています。

つまり、あなたの行動は、ある特定の遺伝子には影響を与えないけれど、他の遺伝子には強い影響を与え、そしてあなたの遺伝子の大多数にとって、自然な流れと育成的な行いがともに重要な役割を果たしているということなのです。

遺伝子について考えるとき、いつも頭に浮かぶのが、青い目の例です。もしも特定の遺伝子を受け継いでいたら、あなたの目は青色になるでしょうし、また異なる遺伝子を受け継いでいたら、あなたの目は茶色か緑色か、もしくは栗《くり》色になるでしょう。

しかしそれは、原則ではなく、例外であるということがわかります。

たとえば、身長を決定する単独の遺伝子はありません。

最新の研究によると、ある人の身長がどのぐらいになるかということに、20以上の遺伝子が関わっているといいます。（100の遺伝子が関わっているという専門家もいます）。

そして、それらの遺伝子がすべて分析されたとしても、ある赤ん坊が、大人になって背が高くなるのか、低くなるのか、遺伝子によって知ることはできないのです。

母親の身長が息子に遺伝し、父親の身長が娘に遺伝するという一般的な相関性はありますが、それでも両親よりもずっと背が高かったり、ずっと背が低かったりする子どもがいることは明らかです。

両親が二人とも背が低いのに、その子どもが非常に背が高い場合、その理由を説明できる人はどこにもいません。

遺伝子が、かつて出された結論のように身長を決める要因の90％を占めるものなのか、もしくは要因の30％にも満たないのかどうか、科学者たちは確信を持つことすらできないのです。

外的な要素も、信頼に足る予測の判断材料にはなりません。

よりよい食生活をすれば背が高くなると思うのは当然かもしれませんが、フィリピンの若い世代は、以前より経済状況がよくなっているにもかかわらず、身長は低くなっています。

背の高い民族は、背が高くなり続けるものだと思われるかもしれませんが、ヨーロッパ人がアメリカ大陸に定住した頃、先住民のプレーンズ族は地球上で最も背の高い民族のひとつであったのに、今ではもはやそうではありません。

アメリカ人は、18世紀から19世紀を通してヨーロッパ人よりも背が高かったのですが、今日、スカンジナビアの国々の人々やオランダ人のほうが高くなっています。

こうした変化のペースは速い場合と遅い場合があります。

オランダ人は150年かけて世界一背が高い民族となりました。

日本人は、ちょうど第二次世界大戦を境に、急速に背が高くなりました。

動物界を例にとると、新種開発が流行する以前は、世界に犬は40種類しかいませんでしたが、1870年頃、ヴィクトリア朝英国時代以来、犬の種類は400種にまで急増しました。


数十年前、医学研究者たちは「糖尿病」と「鎌状赤血球症《かまじょうせっけっきゅうしょう》」が家族内で起こる遺伝性の病気であると発見し、同じように家族内で発病するように見える「鬱病」や「統合失調症」のような他の形質についてもおそらく同じことがいえるのではないかと考えました。

やがて、すべての身体的・精神的疾患が遺伝子レベルで解明されて治癒できるだろうという期待が高まりました。

「鬱病」「不安症」「肥満」その他の疾患に苦しむ人々は、自分たちが行った選択が問題を生み出したのではないかと心配しなくてもよくなりました。

責められるべきは遺伝子で、助けてくれるのもまた遺伝子だからです。

10年前にヒトのＤＮＡを解析することが聖杯を探し出すようなものだったとしたら、特定の遺伝子をあらゆる特定の疾患の原因ととらえるようになった今では、１０００もの聖杯があることになります。

いわゆる肥満遺伝子や、アルツハイマー病の遺伝子、そして、「信仰遺伝子」とでも呼ぶべき、おそらく神の信仰に関わる遺伝子さえもが、ニュースとしてメディアを賑《にぎ》わせています。

しかしこうした発表はすべて、いまだにほとんど成果を出せずにいます。

単一の遺伝子に原因を求める理論は世間では受け入れられているものの、発表されても即座に取り下げられているのです。

そのうえ近年に至っては、何千という個人のゲノムが解析され、研究者にとってショックなことに、どんな二人の人間の遺伝子情報を比べても、少なくとも３００万の違いがあるということがわかりました。

私たちは2万から3万しか遺伝子を持たないことを考えると、これは莫大な数字です。

遺伝子は、あなたを「あなた」という人間たらしめる他のすべての因子を支配することはできません。

遺伝子は、あなたをガーデニング好きにさせたり、熱狂的な切手収集家にしたり、バッハを好むように仕向けたり、恋に落ちるであろう相手のイメージを与えたりはしませんでした。

しかし、もしDNAを身体的にとらえることをやめたら、どんなことが起きるのでしょうか?

遺伝子を意識の場へと持ち込み、どのような反応が起こるか見てみましょう。

DNAは、私たちを人間たらしめている過去の経験すべてを貯蔵している、記憶の銀行のようなものです。

そうした記憶にあなたを利用させるのではなく、あなたがそれらの記憶を利用することができるようになってほしいのです。

あなたのDNAは、体の他の部分と同じように、物質的なものではなくエネルギーでできています。

あなたは、そのエネルギーのパターンを意識の変容を通じて変化させることができます。

あなたは生まれながらにして、体がどのように成長するかを決定するであろう因子を持っています。

しかし自身の欲望、癖、意志が組み込まれていくにつれ、固定された特質は非常に影響されやすいものになります。

ほんのちょっとした欲望でさえ、DNAに影響を与えるに十分なのです。

医学上固定していると考えられているふたつのもの、つまり「DNA」と「脳」が、体を再構築するための鍵であるとは、何と皮肉なことでしょう。

real story #4 ―― マリエルの場合

私たちにとっての大きな疑問は、遺伝子を改善することができるか否かではなく、どこまで遺伝子改善を行うか、ということです。

私たちは遺伝子に支配されているという考えを受け入れているばかりに、遺伝子は私たちの変化の妨げとなっています。

しかし自分の遺伝子に打ち勝つ方法を見つける人々もいるのです。


マリエルは30代の女性ですが、手術で治すことのできない先天的な目の疾患を持って生まれてきました。彼女は言いました。

「年をとるにつれて視力が失われていくとわかっていました。

私は、時が経つとともに現れる、新たな限界に常に順応するという課題に立ち向かっていました。

大学を卒業して大学院に入る頃には、小さな文字は非常に読みにくくなっていました」

ある日、図書館でマリエルは自分がカード目録を読むことができなくなってしまったことに気づきました。

「ちょうど書籍電子化システムに変わったばかりで、画面の小さな文字を読み取ろうとするのが非常にもどかしいことに気づきました。

思わず私は立ち上がり、棚のほうへ歩いていきました。

読みたい本が置かれている一般エリアへと向かい、そこまで行ってから助けを求めるつもりでした。

しかし誰もまわりにいなかったので、私は適当に手を伸ばし、一冊の本をつかみました。

そうすると、それこそまさに私が読みたかった本だったのです」

このときのことをマリエルはただの偶然だと思いました。

しかし時間が経つにつれ、あるパターンが現れ始めました。


「目を使わなくても見ることができるということがわかったのです。くまなく探し回る必要もなく、鍵や財布などのなくし物を見つけることができるようになりました。

最初は、ほとんどの人がなくしものをしたときにとる方法、つまり来た道をたどっているのかと思っていました。

でもある日、レストランから家に戻って、小切手帳をなくしたことに気づきました。

どこに置いてきてしまったのか思い出すまでもなく、小切手帳がレストランの駐車場の非常に特定された場所に落ちている視覚イメージが心にパッと浮かんだのです。

財布は、車の鍵を取り出す際にバッグから落ちていたのです。

だから私はレストランに戻りました。

そして小切手帳は、私がまさにイメージした場所に落ちていました」

マリエルは、新しく得た透視能力を信頼するようになりました。

「もし私が論文を書いていて、特定の引用が必要なときには、ただ参考図書を開けば十分でした。

そうすれば私がほしい一節が書かれたページに当たるのです。

これは毎回毎回起こるわけではありませんが、私が最も必要とするときにはちゃんと作用するようです」

私はマリエルに、

「あなたはこのことについてどう説明しますか?」

と尋ねました。

「私は、自分と神との間に特別な関係があると考えたくなりました」

と彼女は言いました。

「そう考えていたとき、事故などで目が見えていたのに突然盲目になった人々に関する、神経学者による記事にたまたま出合ったのです。

盲目になるということに対してただ諦《あきら》めてしまう人もいますが、驚くべき方法で順応する人もいるのです。

ある盲目の男性は、屋根ふきの仕事を再開しました。

彼は複数層になっている切妻《きりづま》や、勾配《こうばい》のきついきわめて複雑な屋根を専門としていました。

そして夜に仕事するのを好み、近隣の人々を狼狽《ろうばい》させました。

彼が手がける屋根は、目が見える人でさえも、日中に登るのを躊躇《ちゅうちょ》するようなものだったのです。

もう一人の人は、複雑なギヤボックス装置を設計する技術を身につけ、心の目を使って細かい仕事を行うということでした。

彼は、突然酸を目にかけられて盲目になるまでは、このような技術は持っていませんでした。盲目になって初めて、このすばらしい能力が自分にあることに気づいたのです」

どんな人の遺伝子にも、隠れた可能性が存在しています。

ここで紹介したいのがメキシコの故ポール・バック・イ・リタ博士の論文です。論文は「脳は感覚代行をすることができる」というもので、30年前に発表されたときには冷笑を買いました。

脳が感覚代行できるという示唆は、たとえば盲目の人は、視覚を触覚で代用することによって「見る」ことができるようになる、といったものでした。

この斬新《ざんしん》なアイデアについては、点字開発者のルイ・ブライユはすでに手がかりを得ていましたが、リタ博士はさらにそれを深めたのです。

リタ博士は72歳で亡くなるまでに、小さな板のようなものを舌の上に装着する「ブレイン・ポート」として知られるメカニズムを作り上げました。

ブレイン・ポートでは、カメラに付けられた600もの電極が格子状になったものを用い、カメラが見るものすべての画像を舌へと伝達することができるのです。

この画像は、触覚の感覚受容器へと伝導される電気信号から成っていますが、少し訓練すれば、盲目の人の脳はイメージを実際に「見る」ことができるようになるのです。

その科学的根拠は、単なる逸話的なものではありません。MRIによって盲目の人の視覚野は、シグナルが舌に送られると光ることがわかったのです。

最近のテレビ報道で、失明した患者たちが、テニスボールを6メートル離れた場所からゴミ箱へ投げ入れたり、曲がりくねった道をそれることなく歩いたりする場面を見ることができました。

感覚代行は、さらに先を進んでいます。

抗生物質の副作用のため平衡感覚を失ってしまったある女性は、薬や手術では改善する余地がありませんでした。

内耳の前庭迷路《ぜんていめいろ》全体が完全に機能しなくなっていたからです。

しかし、まっすぐ立っているときとそうでないときを舌に知らせることができるブレイン・ポートを訓練することによって、彼女はバランスを取り戻しました。

さらにもっと驚くべきことが、続いて起こりました。

体のバランスをとることを可能にしていたブレイン・ポートの装置をはずしても、バランスを崩すことはなかったのです。

1時間も訓練すれば、1時間は効果を保つことができました。

進歩するにつれ、1日訓練すれば、翌日まで効果が保てるようになりました。

そしてついには、実験者たちも驚いたことに、彼女は、ブレイン・ポートの装置を付けずに歩いたり、自転車に乗ったりすることができるようになったのです。

脳の前庭器官というきわめて複雑な箇所であるにもかかわらず、もともと平衡感覚にまったく関わっていなかった領域が代用されるようになったのです。

リタ博士の研究は、脳は一般的に思われているよりも柔軟性があるという自説を証明しただけでなく、脳が考えられているよりもずっと創造的であるということを示唆しています。

電気化学的刺激によって完全に支配され、ほとんどの成分が水である脳という器官。これまでに信じられてきたこととはまったく違う感性で、脳をとらえる必要がありそうです。

変化の種

脳の潜在能力とは、遺伝子の潜在能力ということになります。

脳細胞は、脳のＤＮＡが新しい化学信号を送らない限り、新しい動きをとることはできません。

物理的な次元を決して超越することはないであろう有機的な化学に巻き込まれるのではなく、あなたは、自分の遺伝子に四六時中話しかけているのだということを認識する必要があります。

目、髪、肌の色といった、あらゆる固定的な特徴のために、無数の遺伝子が次のような要因に対して複雑な反応パターンを形成しています。

- 考え方
- 感じ方
- 行動の仕方
- 何を信じるか
- 何を期待するか
- 恐れる脅威
- 欲望の対象
- 選択する生活習慣

- 注力する人間関係
- 現在置かれている環境
- 癖と趣向

最も基本的なレベルで、生活習慣の選択は遺伝的な影響をもたらします。健康に関する動向において長い間、菜食主義、ヨガ、瞑想、心理カウンセリングといったアプローチはよい予防策であると見なされてきました。

今では、こうしたアプローチをとることによって深刻な病気を克服したり、より健康的になれるかもしれないと考えられています。

心臓病、糖尿病、高血圧、前立腺《せん》がん、肥満、高コレステロール、その他の慢性症状は、この分野において見込みある兆しを示しています。

つい最近になって、このような有益な変化について説明する研究が遺伝子レベルにまで広がりました。

患者が自分の生活習慣をよりよい方向へと転換した後、数ヶ月も経たないうちに、何百という遺伝子がその発現方法を変えているかもしれないということがわかったのです。

がん、心臓病、炎症に関わる遺伝子が下方制御されるかスイッチオフされ、一方、防御する遺伝子は上方制御されるかスイッチオンされたのです。

今この瞬間、あなたは自分の人生において、とっぴで予測できない創造的な模様を織りあげる、あらゆる種類の選択を行っています。

あなたの遺伝子はそのことに気づいているでしょうか？

あなたの遺伝子たちは、あなたが選択を行うたびに気づいているのです。

たとえば、クリスマス後に死亡率が大きく上昇したり、重度の病人が誕生日を迎えた後に死亡率が上がるということがわかっています。

人は死の床にあるとき、どうしてもそこまでは生きたいと望む日を迎えるまで延命することができるということを暗に意味しているのです（私の知り合いのネイティブアメリカンの男性は、脳腫瘍《のうしゅよう》で最期の時を迎えつつあった際に、ラコタ族の呪医《じゅうい》が病室に招かれ、来世に無事行けるよう体から魂を解放する儀式が行われると、そのまま亡くなりました）。

それはまるで、望みさえ抱いていれば体にどうすべきか語りかけるに十分だとでもいうかのようです。遺伝子にとってもそれで十分なのでしょうか？

かつては、遺伝子に影響を与えることは不可能だと考えられていました。

しかし状況は急速に変化しています。

マウスで実験を行う遺伝子学者たちは、しっかり面倒を見てもらった赤ん坊マウスは、ひどい世話のされ方をした赤ん坊マウスよりも、より健康になるということを発見しました。

よい母親マウスは、子どもたちを四六時中なめてきれいにし、身体的にもいつも近くにいます。悪い母親マウスは、子どもたちの身づくろいをするのにも一貫性がなく気まぐれで、子どもたちのそばにいてやりません。

その結果、その子どもは成長するとストレスに弱い体になります。

そうしたマウスは臆病《おくびょう》で、周囲に対しての好奇心もあまり示さず、冒険心も少ないのです。

この発見自体は劇的なものではありませんでした。

母親に育てられることも、しがみつくこともできなかった赤ん坊ザルが情緒的な問題を抱えるようになるということは、ずいぶん前に発見されています（針金で作られた偽物の母親ザルにしがみつく、見捨てられた赤毛ザルの赤ん坊の心痛む写真が思い出されるかもしれません)。

マウス実験の革新的な点は、きちんと母親に世話をされなかったマウスは、自分もまた悪い母親になるとわかったことです。

そうしたマウスは子どもたちを十分に身づくろいしてやることもなく、子どもを放ってどこかへ行ってしまう傾向がありました。

言い換えると、悪い母親マウスの赤ん坊は、新しい遺伝子を獲得することはありませんが、新しい行動を獲得したのです。

突然、はるか地平線の彼方《かなた》を見ようとして直立することを決めたいちばん最初の人間は、遺伝子とのつながりはないかもしれません。

彼は、新たな突然変異を数千年間待つことなしに、自分の子どもたちにその新しい行動を伝えたかもしれません。

しかしどのようにして伝えたのでしょう?

その答えは、エピジェネティクスとして知られる不明瞭《ふめいりょう》な細胞の一種にあります。

あらゆるＤＮＡ鎖は、複合タンパク質であるエピジェネティクスの緩衝材に包まれているのですが、そのエピジェネティクスは何らかのかたちで遺伝子のスイッチをオンにしたりオフにしたりする引き金になるのです。

エピジェネティクスは、行動や感情による影響を受けても新しいＤＮＡを生み出すことはなく、遺伝的に受け継いだものは生まれたときと変わらず同じままです。

しかし、遺伝子の生み出す行動が劇的に変わりうるのです。

だから、悪い母親マウスが、赤ん坊の正常な発達に歪みを与えると、問題となるのは赤ん坊マウスのＤＮＡが悪い行動をとり始めるよう作動し、最終的には次世代にまでその同じ悪い行動が伝えられてしまうということなのです。

ここではネガティブな例を挙げましたが、もしも遺伝子のスイッチをオンにしたりオフにしたりする方法を身につけられれば、ポジティブな可能性も数多く切り開かれます。

たとえば遺伝子治療は、がん治療においては失敗に終わりましたが、エピジェネティクスが救いの手を差し伸べてくれるかもしれません。

遺伝子治療は生まれ持った遺伝子を交換したり、変化させたりしようとするため、多くの望ましくない副作用を生み出し、体は反発するのです。

一方で、もしエピジェネティクスがあなたのDNAに命令して、腫瘍が大きくならないように、もしくは腫瘍ができても成長を阻止することができたら、細胞に異なった行動をとるよう求めることによって、がんにたやすく打ち勝てるかもしれません。

もしも、遺伝子のスイッチをオンにしたりオフにしたりすることが、変化を生み出す最も自然な方法であるならば、スイッチをコントロールする力はどのようにして得られるのでしょう？

まず生活習慣の変更が第一歩ですが、もっと直接コントロールをする力が私たちには備わっているかもしれません。スイッチが隠されているだけなのです。

がんと共存するために、治療せずして進行性悪性腫瘍が消えたという何千もの実例があります。こうしたいわゆる自然寛解《かんかい》は、膨大な神話を生み出しました。

あるハーブが、果物の飲料が、宝石療法や色彩療法が、宗教儀式が、祈りが、奇跡的医療行為が命を救ったという噂《うわさ》さえあれば、死に瀕《ひん》したがん患者は藁《わら》をもつかむ想いでそうした道を求めることでしょう。

ノーベル賞受賞者であるライナス・ポーリング博士は、ビタミンCの大量投与によって、末期がん患者の少数グループが治癒したと確信していました。

完全輸血といわれる血液浄化法は、メキシコで非合法に行われています。

こうした療法は、代替療法と位置づけられているためにまったく知られず、効果のほども実証されていないままだったりします。

今わかっているのは、ある因子が、原因不明ではあるものの、稀《まれ》に「腫瘍が消える」という現象を引き起こすということです。

まったく治療を行わずに、そうした現象が起きることさえあるのです。

患者の中には、単純に「必ず治る」という確信を持つ者がおり、そして彼らの確信は実証されるというわけです。

それは伝統的な信仰療法により近いものであり、治癒は身体的に起きるものではなく、目に見えぬ高次の力のおかげで起こるものであるとするものです。

こうしたまったく異なるアプローチ（詐欺やインチキは取り除いた上で）を一致させているものは、腫瘍を抑え込む遺伝子のスイッチをオンにする意識の力です。

私たちはジレンマに陥っています。

結果を出してくれる希望を「偽物」と呼ぶことはできません。

一方で、あらゆる代替療法を、人間の希望を利用した商売としてとらえるのもフェアではありません。

患者の主観的な希望と信念が療法を効き目あるものにし、体と心の予期せぬ組み合わせがうまく作用するかもしれないのです。

課題となるのは非常に基本的なことです。

「どうやって自分の遺伝子を効果的にコントロールするか」ということです。

波長を合わせる、合わせない

私たちは皆、自分の遺伝子に変化を引き起こしますが、それを意識的に行うことは特殊な技能です。

活発に遺伝子のスイッチのオンオフを切り替えられるような体の次元に、私たちは波長を合わせていないのです。

しかし、この意識レベルを手に入れることは可能であるということはわかっています。ある特定の遺伝子を直接ターゲットにするために、その次元に行くことはできませんが、そうする必要もありません。

ただ必要なのは、波長を合わせることだけなのです。

逆に体と波長を合わせないことは、あなたが体に対して行いうる、最大かつ唯一の害です。

きちんとした伝達ルートなしに自分の意図と願望に細胞が反応してくれるよう期待することはできません。

「波長を合わせないこと」とは、体から注意をそらし、体のためにならないような判断をし、体の発するシグナルを無視することを意味する、簡略化した表現です。

波長をそらす度合いにもいろいろあります。あなたが体からどのぐらい分離しているかによって、体の反応も徐々にその激しさを増していくことでしょう。

たとえば「快楽の不在」「活力の低下」「不快感」「無感覚」「痛み」というように。

ひとつの次元から次の次元へと進むには何年もかかりますが、交通事故や重い病気などの突然の身体的外傷は、体の意識を急速にそして劇的に低下させます。

たとえば、親しい人が亡くなり、悲しみに暮れるとき、その意識低下の領域全体を見ることができます。

食事はもはやおいしくなくなり（快楽の不在）、倦怠と疲労を感じ（活力の低下）、体は重く、睡眠もきちんととれず（不快感）、暑さ寒さといった感覚も感じられず、見慣れた周囲の景色が見知らぬ風景に見え（無感覚）、体のあちこちに痛みが出たり消えたりします（痛み）。

そして常に精神面でも同じようなことが起こり、憂鬱や無感覚、空虚を感じる人は、自分が体からひどく分離してしまっていることに気づいていないことが非常に多いのです。

体から波長を合わせないと通常どのように感じられるのか、一覧にしてみました。ざっと目を通して、自分に当てはまる項目がいくつあるか数えてみてください。

- ○ 体および体が訴えてくることから自分は分離していると感じている
- ○ 肉体的な快楽を感じるのは難しい
- ○ 他人の体や理想の体と比較して、自分の体は見劣りがすると感じている
- ○ 自分の体を醜いか無価値だと感じている

- ◯ 自分の体型を想像すると嫌な気持ちになる
- ◯ 人から触られると不快に感じる
- ◯ 他人の身体的アプローチを攻撃的か、少なくとも衝撃的であると誤解しがちだ
- ◯ 身体的な親密さを通じたつながりを持つことは自分の選択肢にない
- ◯ 自分のことを不器用でぎこちないと感じている
- ◯ 自分の体を好きだと感じたのは、唯一若い頃だけだ
- ◯ 自分のことを十分に女性らしい、あるいは男性らしいと見なしていない
- ◯ 時々、自分の体が自分のものではないような気がする

このような自分の体に対するネガティブな考え方は、軽いものから深刻なものまで多岐にわたっています。

しかしあなたの体は、無視されたり、不当に評価されたりしているとき、必ずそれを感じ取っています。

ほとんどの人が体を無視することが習慣になってしまっていて、体が過度のストレス

にさらされていても、それについて考え直すことがほとんどありません。

現代の生活自体が、個人でコントロール不可能なほどにストレスの多いものになってしまったと思い込んではいないでしょうか？

もしあなたが本当に自分の体に波長を合わせていれば、体があなたの注意を引こうとする前に、体が不快に感じていることに気づけることでしょう。

波長を合わせることとは、つまり、もっと意識的になるということです。

あなたが意識的になればなるほど、もっと体に対して敏感になります。

そして体に対して敏感になればなるほど、あなたは意識的になれるのです。

象徴的に見ると、あらゆる不調とは、体が「赤の他人」または「敵」「裏切った仲間」「敗北した被害者」になってしまった状態といえます。

こういった比喩《ひゆ》が現実化するのを防ぐために、これからは体を大切にし、また体が語りかけてくることに耳を傾けるようにして、体に安心感を与える必要があります。

あなたは遺伝子を「改善できる」　まとめ

波長を合わせること

いったん波長を合わせれば、あなたの体は自己修正する驚くべき能力を持つことができます。

このプロセスを開始させるためには、自分の体に対して心地よさを感じる必要があります。

罪悪感、恥、不快感によって阻《はば》まれることのない、体との基本的なつながりがなくてはなりません。

次の質問に答えていくと、再び体とつながるという作業を、自分はどこから始めたらよいかがわかるでしょう。

あなたは自分の体を居心地よく感じていますか？

次の一覧は、一般的に自分の体に関して心地悪く感じがちなことです。自分の心地よさのレベルをチェックしてください。

1 楽しく感じる
2 別に構わない
3 心地悪く感じる
4 絶対にやらない

( ) 露出度の高い水着を着ること
( ) ぴたっとした服を着ること
( ) 鏡に全身を映すこと

- 店で服の試着をすること
- 踊ること
- チームスポーツをすること
- 抱きしめること
- 寄り添うこと
- 電気を消さずにセックスすること
- 公の場で人から見られること
- 自分の外見について説明すること
- 肉体的に異性の気を惹《ひ》こうとすること
- 自分の体重について考えること
- 友人や知り合いに軽く体を触れられること
- 他人があなたの体について述べているのを聞くこと
- 公の場で静かに座っていること
- 肉体的に挑戦すること（山登り、ジョギング、階段を何段も上ることなど）
- 配偶者もしくは恋人から、自分の裸体を見られること

○ジムで衣服を脱ぐこと
○写真を撮られること
○体を触れられることについて考えること
○ブラジャーやその他女性用の下着を買うこと

これは、スコアを集計するものではなく、体とのつながりを取り戻すための演習です。

1　まず、あなたが「心地悪く感じる」とした項目をとりあげ、それを克服するための計画を書いてください。
あなたの計画は、意識の中で始まります。

2　自分が居心地悪い状況にいるところを想像してみてください。
それを感情的に、場合によっては身体的にも感じられるように、その居心地悪さを呼び起こすことができるほど詳細に具体的にイメージしてください。

3

そのエネルギーと寄り添ってください。

そのエネルギーにただ波長を合わせることによって、新たな体の意識への第一歩を踏み出していることになるのです。

緊張しないでください。

呼吸を楽にしてください。

体をリラックスさせてください。

もしそのイメージが、ジムで裸になることに関連するものだったら、ジムの更衣室に立っている自分を見てください。

そして皆の視線があなたに注がれているのを感じるのではなく、変化を作り出してください。

人々によそ見をさせ、あなたに注意を向けないようにします。

この新しいシナリオを数回繰り返してください。

人々があなたのことをじっと見て、あなたを恥ずかしがらせているのを見たら、彼らの目をそらして注意を向けないようにします。

このプロセスを繰り返すうちに、この問題にまつわるあなたのエネルギーが消え始めるでしょう。

4

次に完全に裸になるまで服を脱いでいくシーンへと進んでください。

前回と同じプロセスを使います。

居心地悪い状況にある自分自身を見つめ、そしてシナリオを変えるのです。

今回は、あなた自身が裸でいることに無関心になってみましょう。

あなたは友人とおしゃべりしているか、足にローションを塗っているかもしれません。

誰かが裸のあなたのことに気づきもせずに通り過ぎるかもしれません。

誰かが服を脱いでいる最中のあなたのところに来て、何か頼み事を言ってくるかもしれません。

ポイントは、厄介な状況に「心地よさ」と「安心感」を付け加えることです。

ここでもまた、映画のシーンを何度も再生するように、その変化を繰り返してください。

この演習を行う究極のポイントは、体と対話するための、より明確なルートを作ることによって意識をシフトさせることです。

もしあなたが体と完全に断絶しているなら、この演習は強烈すぎるかもしれません。その場合、「心地悪く感じる」項目から始めるのではなく、「別に構わない」の「2」を書き入れた項目から始めてください。

最終的には波長を合わせるための、次のすべてのステップをまっとうすることができるようになるでしょう。

(1) 視覚化を通じて、滞ったエネルギーを解放する
(2) 実際に、かつて心地悪く感じた状況に身を投じる
(3) その状況の中で、気にならなくなるまで無関心でいる
(4) 完全に心地よさを感じる
(5) 楽しんで、かつて避けていた状況を積極的に求める

このプロセスの最後まで到達して初めて、波長を合わせることができます。

あらゆる段階の癒しが意識の中で起こるということを常に自分に言い聞かせるようにしてください。

突然ビキニを買ったり、精神的にも肉体的にも心地よく感じられないうちから誰かに体を親密に触れさせたりしても、よい結果は得られないでしょう。

自分の体からもたらされる感覚を感じ続けてください。

その感覚に寄り添ってください。

その感覚を見つめてください。

もしあなたが居心地悪く感じる場面に戻り続ければ、あなたの体は反応し始めるでしょう。

自分の体を信じてください。

焦って無理をしないようにしてください。

さらに、これまで無視してきた身体的感覚の心地よさに、自分自身をさらしてください。

あなたが「楽しく感じる」の「1」を書き入れた項目の、これまでの場面を思い出して、ポジティブな感情という滋養を体に与えてください。

体は「目に見える世界」と「目に見えない世界」の合流点であるということを常に心にとどめておいてください。

「愛」「温かみ」「美」「絆」「育成」といった最も心地よい経験が、そのふたつの世界をつないでいます。

そのふたつの世界は、あなたの体が理解する要素と、あなたの心が理解する要素とを合わせ持っています。

そのふたつの要素をひとつに融合させましょう。

そのとき「波長を合わせる」というプロセスが完結するのです。

breakthrough #5

時間はあなたの「敵ではない」

とてもパワフルなブレイクスルーが起こると、当たり前と考えられていることも覆すことができます。

時間に関する一連の問題がよい例でしょう。

時間以上に影響力を持つものは存在するのでしょうか？

時間は、誕生と死のサイクルを支配しています。

時間は容赦なく先へ進んでいきます。時間は老化と衰えをもたらします。

体にとっての究極の解放とは、時間の影響を克服することではないでしょうか。

時間の影響から解放されれば、まさに時間の経過によるネガティブな影響のために衰えるという、体の最大の欠点を克服できるでしょう。

このブレイクスルーが起こると、時間は敵ではないということが理解できるようになるでしょう。

私たちは、あたかも人生が時間に支配されているかのように時間に屈することをやめるという選択をすることができるのです。

このブレイクスルーがもうすでに起こりつつあるという兆候も見受けられます。生物学的限界にたえず挑み続ける「新しい老齢期」というものを現代人は作り出しました。

2005年には、アドリアナ・イリエスクというルーマニア人の女性が、体外受精によって66歳にして健康な女の赤ちゃんを出産し、史上最高齢で母親になりました。

その出来事は、世界中に不安感を巻き起こしましたが、イリエスクのとった態度は、急速に変化しつつある信念を典型的に示すものでした。彼女は言いました。

「唯一残念な点は、娘にとって、私が若い母親に見えないということだけです。

鏡に映る自分の姿を見るたびに、私はいつも驚くのです。

自分が感じていることと、自分の目に見えることとの間にはこんなにも違いがあるということに」

イリエスクは、自分は若いと感じているその感覚に、体がついていくよう求めることによって、母親像のステレオタイプを打ち砕きました。そして、そうするにあたって、彼女はかなり意識的に老化という限界を押し広げたのです。

「少しの運動、少しの活動、そして活発な知的生活を送ると、体は若返ります。なぜなら元気になるホルモンが脳内で生じるからです」

彼女はレポーターたちに答えました。

体に新しい指針を設定するためには、考え方を変えなくてはなりません。

従来、年をとることは恐ろしいことだと思われており、それももっともなことでした。なぜなら老人は不要な存在とされていたからです。

健康の増進、長寿、人口統計上の変化のおかげでその考え方が変化すると、人は65歳を越えても頑健で機敏で十分役に立つ存在でいられるという期待を持ち始めました。

最近の世論調査によると、半数以上のアメリカ人が70歳を壮年期と考えており、80歳を越えて初めて老齢と考えていることがわかりました。

ロンドンマラソンを完走した最高齢は今や101歳であり、それは誰にとっても可能であるということを私たちに示し続けています。

しかし老化プロセスの速度を落とすことは、時間の問題を解決することと同じではありません。

なぜ私たちは、歳月による劣化を結局のところ受け入れるのでしょうか？

体にとっての最悪の敵を味方につけることは可能なのでしょうか？

進化か、劣化か？

時間という問題は、結局ひとつのことに帰着します。

あなたの体は進化し、そして同時に劣化するということです。

どちらも普遍的な、目に見えない力です。

時間の支配から逃れる最も確実な方法は「進化し続けること」であり、そしてさらによい知らせは、たまに、時間の進行よりあなたの進化のほうが優勢になるということです。

進化が優勢になっているとき、私たちは、開放的で、楽観的、前向きで、そして新しいことを発見したくてたまらない状態になります。

そういう状態にあると、私たちは世界を手中に収めたかのような気分になります。時間のことなど忘れ、まるで時間など存在しないかのように生きることができます（恋人たちや、もしくは仕事や遊びに完全に没頭している人々がそうであるように）。

またあるときには、エントロピー（乱雑さ）が支配的になります。

そういう状態にあるときは、重要なことを成し遂げるための時間がなくなり、どんなときでも私たちをすり減らします。退屈していたり、憂鬱な気分であったり、人生が勢いを失いつつあることに気づきます。

体が進化とエントロピーのバランスをとっているとき、時間が持っているふたつの側面は、支配権を求めて静かに闘っているのです。

「新しい老齢期」は、新しい信念と考え方を通して、衰えに抵抗しうるということを証明しています。

エントロピーを促進するような信念を受け入れる必要はありません。

意識は、自由自在にエネルギーのパターンを変えることができるのだということを、私たちは認識すべきなのです。

「進化」と「劣化」の力は、どちらもよく知られていることのように思われるかもしれませんが、まだまだ解明されていないことがたくさんあります。

科学界はダーウィンの進化論を受け入れているにもかかわらず、なぜ、そしてどのようにして、自然は突然の創造的跳躍を起こすのか、知っている者はいないのです。

大型恐竜が地響きを立てながら歩いていた時代にその足元を這《は》っていた最も小さい恐竜の化石を見て、それらが、大型恐竜を駆逐した天災の究極の生き残りであるとは思いもつかないでしょう。

ましてや、そのうろこ状の皮膚が、髪や毛、羽になるであろう可能性は、想像さえできなかったでしょう。

しかし、その隠れた可能性がなくては、哺乳類も鳥類も進化することはできなかったのです。

進化は、何が次の創造的跳躍になるのか教えてはくれません。

これは、特に人類に当てはまります。

石器時代の先祖たちは、数学的知識を持っていませんでした（ネアンデルタール人が数を数えられたかどうかについては論争中です。オーストラリアのアボリジニの中には、「1、2、それ以上はたくさん」というシステムを唯一の計算として今でも用いている人々もいます）。

それでも石器時代の先祖たちの大脳皮質には、数学的知識はなくとも高度な計算を可能にする膨大な能力が潜在していたのです。

そして通常の記憶力も、かなり限定されたもののように見えはしますが、自由自在に拡大することができます。

訓練すれば、あなたも私も聖書の中の一語一句をすべて記憶することができ、またきわめて稀な例ではありますが、人生のあらゆる場面を思い出すことができる、完全精密な記憶力を持つ人もいるのです。

記憶力には進化的な限界もないようです。記憶とは、無限に広がり続けるものなのかもしれません。

人間の脳は、すでにそのように設定されているように思われます。

その印象的な例として、ジル・プライスという30代半ばの女性が挙げられます。

プライスは14歳のとき、ほぼ一夜にして完全記憶能力を身につけました。

彼女は、完全記憶能力について、心の半分は日々の現実に関わり、もう半分は、思い出したいどんな日のことも詳細な映画のように映し出す、と表現しています。

その日にしたことを思い出すだけでなく、家族の食卓で出された食事の内容やその日の新聞で読んだニュースも思い出し、もしテレビでテーマソングを数小節でも耳にすれば、どの番組か即座にわかり、そしてそのテーマソングを聴いた日にちもわかるのです。また、いくつかのエピソードの後に打ち切りになったシリーズのテーマソングも判別することができると言います。

このきわめて稀な才能は、特殊な重荷にもなります。プライスの記憶には、そのときに湧いた感情も付随《ふずい》しているのです。いくらか太めだった彼女は、母親が自分の容貌《ようぼう》について批判したことを悲しく思い出します。

プライスの自伝のタイトルは、『忘れられない女』(邦題は『忘れられない脳』武田ランダムハウスジャパン)という痛ましいものです。

プライスが完全記憶能力を持つに至ったことは、自分で制御できるものではなかったのですが、彼女の例は、人間の可能性の壮大さについて私たちに再認識させてくれます(もしどんな小さな子どもも記憶の訓練を受ければ、完全記憶能力を持った社会が形成されるのかもしれません)。

エントロピーに関しては、少なくとも表面上はそこまで謎めいているようには見えません。

エネルギーを分散させ、時間の経過とともに秩序が失われていくことは、自然の傾向です。

たとえば熱い食べ物は、放っておけば自然に冷めますね。宇宙全体は、ビッグバンで生じた元来の熱が拡散し、あらゆる方向に膨張することで冷えていきます。

しかし生命は、この、確固たるように見える原則に反しているのです。

あらゆる生物はエネルギーを構築し、より複雑になっていくからです。

ではどうして自然は単純に冷却していくことに満足しなかったのでしょう?

二重らせんに沿って膨大なエネルギーをとらえ消化することで、さらに多くのエネルギーを得るDNAを作り上げることは、原初宇宙にとって必要なかったことなのです。

生命は「時間」と「エネルギー」をともに操作する宇宙の能力を象徴しています。

放出するエネルギーより取り入れるエネルギーのほうが多い限り、あなたは時間を止めていることになります。

エネルギーが尽きるとき、時間も初めて尽きるのです。

燃えつきるのに1時間かかる暖炉の薪《まき》を思い浮かべてください。

その時間は、「熱の死」が起きるまでどのぐらいのエネルギーが手に入るかを表しています。

DNAは、エネルギーを永遠に（もしくはほぼ永遠ともいえる長さですが、今のところ推定20億年以上）得られるようにしてくれます。

DNAは不死のごとく機能します。

そうかといってエントロピーがなくなるわけではありません。

エントロピーはあなたの遺伝子を圧迫して、機能停止するよう促します。

しかし生命は何とか保たれ、進化し続けるのです。

物理学者にとって、体は、「反エントロピー」の島のようなものです。

なぜならば、生きている限り、冷却することを拒絶するからです。

たった3秒でも食物と空気を奪われた細胞は劣化し始めます。

10分以上酸素を奪われた脳は機能停止し始めます。

しかし、体が時間の管理方法を知っている限り、こうしたことも脅威ではなくなるのです。

その賭《か》けを知ってしまった今となっては、あなたは選択しなければなりません――つまり「進化するか」「滅びるか」という選択です。

なぜなら、そこにそのままとどまり続けるという選択肢は存在しないからです。

もしあなたが椅子に座り続けて筋肉を使うのをやめたら、筋肉は衰えるでしょう。

脳を使うことをやめた場合にも、同じことが起きます。

当然選択すべきは、進化の側につくことでしょう。

なぜなら、そうすれば時間が撤回することのできない課題を体に与え、新たな、予想外の領域において成長しうるからです。

時間をコントロールする

時間を統制することとは、あなたの中にもう組み込まれていることです。

体は複数の時間を刻んでおり、それぞれが異なるスピードで設定されています。

赤ん坊のとき、脳が新しい結合を作る際のものすごいペースと比べ、頭蓋骨《ずがいこつ》のすきまは、非常にゆっくりとしたスピードで閉じました。

生まれたとき、病気からの唯一の防御となる母親の免疫細胞は、あなたが自分自身の抗体を形成するにつれ、失われていきました。

生殖器は本質的に休眠状態でした。永久歯は、非常に小さな種子のような状態でした。それは多くの異なるサイクルが、もともとはひとつの細胞である受精卵に含まれていたDNAによってコントロールされていたのです。

あなたは、脳のために速いDNAを開発し、頭蓋骨のために遅いDNAを開発したわけではありません。

同じ遺伝情報が、1000分の2～3秒（ニューロン発火、赤血球による酸素の吸収）から、数年（乳歯の喪失、完全な免疫システムの形成）、何十年（思考の成熟、白髪、更年期）にわたるまで続く出来事を、ある意味調整しているのです。

このことが意味しているのは、決して体は時間の犠牲者ではないということです。

それどころか、時間を自らの利益になるよう調整しています。

しかし、時間に対する恐怖心やネガティブな思いを体に押し付けてしまった時点で問題が起こるのです。

「時間が十分にない」というシンプルな信念を例にとってください。

死すべき運命という含意を持つ非常に象徴的な「デッドライン＝死の線（締め切り）」

という言葉を作り出したのは、まさにこの信念なのです。

つまりそれは、もしも時間内にゴールにたどり着けなかったら、あなたは死ぬという意味です。

締め切りを守ろうと自分が必死になっていることに気づいたら、あなたの心拍数は上がり、血管は収縮し、やらねばならないすべてのことをこなそうと心は焦るでしょう。

これらは皆、体のリズムを破壊するものであり、したがって体が行っている時間の絶妙なコントロールも混乱させます。

あなたが時間を敵として扱っていれば、さらに有害となるでしょう。

こうしたことが起きる状況は他にもたくさんあります。

ストレスの研究によると、ストレスを引き起こす最も大きな原因のひとつは「不確実性」であるということがわかりました。

金属製の板の上にマウスを乗せ、害のない電気ショックを定期的な間隔で与えた場合、マウスは嫌がりますが、最終的には適応するでしょう。

しかし、もし同じく害のないショックをランダムな間隔で与えた場合、マウスはほんの数日足らずで死に至るほど疲弊します。

人生は予測不可能なことに満ちており、それらに適応することが大きな課題です。なぜなら、時間がコントロールされている次元において体にダメージを与えるのが、皮肉なことに偶発的な出来事なのです。

あなたが運動、食事、ビタミン、抗酸化物質、減量、化粧品、美容整形手術といった身体的な次元でのアンチエイジングに気をとられているとき、はるかに重要である目に見えぬ次元を見過ごすことになります。

それは体の「タイミング」を損なうものは何であれ、老化を生み出すということです。原因は時間そのものではないのです。

最も大きなダメージを与える、目に見えない要因について見てみましょう。

1. 予測不可能性：偶発的な出来事は、あなたの体のリズムを乱す
2. 無秩序、混乱：外側の秩序が損なわれると、内側の秩序が乱れる
3. 事故：人生における過ちは、身体的過ちにつながる
4. トラウマ、病気：傷ついていると、体は時間の感覚を失う

⑤暴力：攻撃されると、体のタイミングが損なわれる

⑥混沌《こんとん》：秩序感覚がすべて破壊されると、体は時間の管理がまったくできなくなる

これらのダメージを与える要因は、害の少ないものから多いものという順に列記しました。

なぜかというと、それは体が対処する順番でもあるからです。

体は、無秩序よりは予測不可能性のほうに順応しやすく、事故よりは無秩序のほうに順応しやすいのです。

日々行っている選択が、いかにあなたの体のタイミングに影響を与えるか、よく考えてみてください。

①予測不可能性

常に不規則な時間に活動すること、夜勤シフトで働くこと、いつも異なる時間に寝ること、不規則な食生活を送ること、食べる量を大きく変えること、こうした選択はすべ

て、体の基本的な代謝リズムを狂わせます。

体内リズムは健全である必要があります。

なぜなら、それがあなたの生活をきちんと決められた通りのタイミング――つまりあらゆる細胞が他のすべての細胞と同調するタイミングを保つ最も基本的な方法だからです。

生活習慣が不規則になればなるほど、このデリケートで複雑な調整バランスの存続がより難しくなります。

修正するためには、規則的な働き方、食べ方、眠り方をしなくてはなりません。

そうすれば、ほとんどの場合、体が自らリセットすることができるようになります。

② 無秩序、混乱

先延ばしにすること、疑うこと、優柔不断でいること、無秩序でいること、衝動的でいること、だらしないこと、不衛生なこと、目的がないこと、落ち着きがないこと、ふらふらしていること、こうした要因は皆、体が対処しなくてはならない外的無秩序の状態を生み出します。

脳は、何をすべきかについて混乱したシグナルを送り、それによって細胞は明白な方向性を失います。

内的なものと外的なものは、常に結びついており、外的生活に秩序をもたらせば、内的生活によい影響を与えるのです。

反対の場合にも、同様のことが当てはまります。

もしあなたが内的混乱と無秩序の改善に取り組むなら、あなたは自分の外的な出来事にも同じように秩序を取り戻す方法を見つけ始めるでしょう。

3 事故

不注意であること、気が散った状態でいること、規律がないこと、焦点が定まらないこと、自己破壊的であること。

自分ではコントロールすることのできないような事故もありますが、ほとんどのケースが十分に注意を払わなかったことに起因していて、それも自分で行った選択なのです。

細胞は、決して忘れないという習性があります。

細胞は、1秒間に何千回というペースで正確に機能しなくてはなりません。

外的なものに対するあなたの注意がそれてしまい、焦点が合わなくなった場合、脳もまた、体を完璧な秩序のもとに作動させ続けることができなくなるのです。

④ トラウマ、病気

不要なリスクや危険な状態を選ぶこと、安全を脅かすようなことをすること、体を脅威や感染にさらすこと、自分を癒すことに注意を払わないこと。

病気は当てずっぽうに襲ってくるものであるという考えは、真実ではありません。

あなた自身が健康的な生活と予防のための周知の指針を無視することによって、体は病気にかかりやすくなったり、トラウマを受けやすくなったりします。

さらに微細なレベルにおいては、あなたの免疫システムは病気のときも、病気でないときにも、大きなコントロール力を秘めている脳から、手がかりを得ています。

一度深刻なトラウマが生じると、体の該当部分は、その他の部分と、もはや協力的に活動することができなくなります。

ひとつの要素を失うと、治癒によってシステム全体が正常化するまで、あらゆるところでタイミングを狂わせてしまうのです。

5 暴力

制御がきかない状態、怒りや激情を爆発させること、自分が隠し持っている敵意を理解するのを拒むこと、復讐《ふくしゅう》の機会をうかがうこと、恨みを持ち続けること、など。どのような暴力の発生も、すべての細胞に厳戒態勢をとらせ、体に極端な反応を起こします。アドレナリンや、戦闘に関わるその他のホルモンが放出されます。

これらは異化作用といい、エネルギーを放出するために組織を破壊することを意味します。

この破壊が身体的レベルで生じると、時間の制御もまた不可能になります。

突然の侵入警報が、正常なコミュニケーションを断絶させるのです。

非常事態は外的環境においてきわめて破壊的であり、また内的環境はその破壊を映し出します。

⑥ 混沌

戦争・犯罪・家庭内暴力といった完全に混乱した中で生きること、対処するためのすべての方法を捨て去ること、社会的にも精神的にも常軌《じょうき》を逸《いっ》してしまうこと。最も極端な状態では人生が混沌状態に陥り、外的環境における災難はあなたの体をも襲います。

あなたがもはや対処できなくなると、脳は猛烈に混乱します。体に送られるシグナルは、非常に無秩序なものになるので、睡眠、消化、代謝、癒しといった最も基本的なプロセスは、ひどく損なわれてしまいます。

混沌が短期間に強く襲ってきた場合、永続的に混沌とともに生きるのとほとんど変わらないぐらいの破壊的効果があります。

どちらの場合も、体のバランスが非常に悪くなるため、自力では正常機能に戻ることができないというリスクがあるのです。

幸いなことに、体がダメージを受ける順番は、逆もまた事実です。

つまり、衰えを防ぐ選択をすることができるのです。

言い換えれば、あなたは、時の経過とともに、その複雑な統制機能を取り戻せるよう体を再調整することができます。

最も簡単なステップから始めることによって土台を構築し、そしてその土台は難しい選択もできるような、より現実味を帯びたものになるのです。

時間をあなたの味方にする方法

- 規則正しい生活をする。決まった時間に食事や睡眠をとる
- 食事や活動における劇的な変化を避ける
- 仕事環境を整然と整える。気を散らすものを減らす
- 1日のうち一度か二度は静かに休憩し、体を再調整させる
- できるだけ早くストレスの多い状況から抜け出す

- 急がず、自分のペースで進める
- 決断が必要になったらすぐ決める。先延ばしにしたり、気をそらしたりしない
- 目の前にあることに注意を向ける。一度にひとつのことに集中する
- 複数のことを同時に行わない。注意を分散させると混乱を招き、焦点がぼける
- リスクが高い状況に陥るような誘惑を避ける
- 自分に適した居心地のよい場所にとどまる
- 家のことや財政状態を整える
- 潜在する心配事を認める
- 抑圧された怒りを解放する。自分をコントロールできなくなったり、他人を傷つけたりすることなく、怒りを解放できるようになる
- 思考や言葉における暴力を放棄する
- 感情から立ち直る力をさらに高める
- 職場と基本的な人間関係から混沌とした影響を取り除く
- 世界中のすべての時間が自分のものであるかのように生きる

最終的なゴールである、「世界中のすべての時間が自分のものであるかのように生きる」ことは、実際に機能している永続性です。

あなたの体のあらゆる細胞は、すでにこの永続性に基づいて生きています。

永続性とは、自然に得られるものであり、時間に屈するのは、努力を要することです。

人生がコントロール不能になっているような患者たちを多く抱える、知り合いのセラピストのことが思い出されます。

彼はこう言って患者たちを驚かせます。

「まず家に帰って掃除してください。

毎朝ベッドメイキングをしてください。

1週間の間、朝食を必ず摂るように。

いつもより15分早く仕事にとりかかってください。

そうしたら、ここに戻ってきて、あなたの悩みについて話し合いましょう」

より深い心理的な問題に向き合う前に、意識を乱すような単純な物事に対処することができるかどうかを彼は確認しているというわけです。

ささいな変化のように見えることでさえ、体を再調整することができます。

だから私たちは、最もダメージを与えるようなもの——トラウマ、暴力、混沌——に取り組むために、最も簡単なことから始めるのです。

もしあなたの体が、同時に多くの時計に基づいて動くことができて、それぞれの時計が完璧に共鳴し合っている場合、メインの時計はどこにあるのか、という疑問が生じるのではないでしょうか。

それはまるで川岸に座って、常に変化する川の水の流れを眺めているような、時間の影響を受けない場所があることを暗に意味しています。

その場所とは時間の外側にあるはずで、それは、あなたの体は「時間を超越する」とはどういうことなのか、何となくわかっているということを意味します。

機能する永続性は、その場所で生まれました。

時間は私たちに影響を与えることができない意識の中で生まれたのです。

流れに戻る

時間は決して敵ではないということをいったん受け入れることができれば、時間による破壊を免れることが可能になります。

問題を起こすのはあなたの心です。

そしてトラブルから抜け出させてくれるのは、あなたの体なのです。

心は、人生を「日・週・月・年」にきちんと切り分け、できるだけ多く貯《た》めこむことを望みますが、やがて必然的にやって来る終わりを常に非常に恐れています。

それとは対照的に、あなたの体は「今この瞬間」を生き、ひとつの連続した流れの中で、それぞれの瞬間が次の瞬間に融合していっています。

その流れを遮断するものが、本当の敵なのです。

流れが途切れると、次のようなことが起きます。

- エネルギーが浪費される
- 体内コミュニケーションが遮断される
- 体の知性に空洞が生じる

これらは目に見えぬ出来事ですが、現実です。

しかし、一度その流れを復元させることができるようになると、それまでに受けたダメージの修復が完全に可能になります。

そして、動的にバランスのとれた状態へと自然に戻っていきます。

その時点で、老化プロセス全体が終わりを告げるのです。

老化を即座に止めることは期待できません。

しかしそのプロセスに大きな変化を生み出すことは今から始められるのです。

目標は、心を「新しい在り方」と同調させることです。

この観点において、私たちは瞑想の重要性に注目してきました。

瞑想は脳を非活性状態にしますが、それを日々繰り返すことによって脳がその静止と静寂の状態に順応するのです。

しかしながら「時間が足りない」という古い信念へと私たちを引き戻すような、日常生活における問題はまだ存在します。

あなたが世界中のすべての時間を自由にしたいと望むなら、次のシンプルな演習を通して訓練することが可能です。

1 内的対話を鎮《しず》める

これは意識の源である静止と静寂の場に接するシンプルな方法です。

目を閉じて、静かに座ってください。

呼吸を落ち着かせてください。

胸の中心に注意を集中させてください。

息を吸うとき、「ソー」という音節に意識を置き、

吐くときは、「ハム」という音節に意識を置いてください。

空気があなたの体に入って来るのを感じ、

音が優しく巡るのを感じてください。

空気があなたの体から出て行くのを落ち着いて感じてください。

「ソーハム」「ソーハム」

（これは、古代インドのマントラですが、「アイアム」や「アーメン」や「オーム」といった音に置き換えても、同じ結果がもたらされます）

これを10分から20分間続けてください。

breakthrough #5

このシンプルな瞑想は、たえまないおしゃべりから心を解放してくれます。

3つのことが、あなたの気を散らしています。
その3つとは、外部の騒音、体内の感覚、そして思考です。
いずれかに気づいたら、
「ソーハム」という音に合わせた呼吸に楽な気持ちで戻ってください。

一定のリズムを保とうとしないでください。
自分に催眠をかけようともしないでください。

これは心に、元来の自然な状態である静けさと、無理なく集中できることを再発見させるための演習です。

2 緊張を解放する

意識は水が流れるがごとく、何ものにも遮《さえぎ》られることなくスムーズに流れるものです。

意識が滞ると、体の中に緊張感が生まれます。

痙攣《けいれん》、痛み、こわばり、凝りがその最も明らかな症状ですが、体のさらに深いレベルに、古いストレスの記憶を溜め込んでいるのです。

ヨガまたは深いエネルギーワークは、こうした体の記憶を解放するすばらしい方法です。しかしどんな人の体も、緊張を解放する自然なメカニズムを持ち合わせており、それを即座に活用することができるのです。

夜、入眠する前にベッドに横になってください。

breakthrough #5

枕《まくら》を使わずに、平らな仰向けの体勢をとってください。

手足を横に広げて大の字になります。

深くゆっくり息を吸い込んで、
そして口からため息をつくように息を吐いてください。

自由に、自然に、体がほっするまま、口から息を吐きます。

吐く息は、あえぐような速い息になるかもしれませんし、
また、うめきのような深い息になるときもあるでしょう。

安堵感《あんどかん》、悲しみ、嘆き、高揚感、
もしくは他の感情を感じるかもしれません。

湧いてくる感情を意識してください。

あなたはただ身体的な緊張を解放しているだけではなく、同時に身体的記憶にアクセスしています。

緊張が自然に解放されれば、思考、感情、感覚がひとつにまとまり、一度にすべて解き放たれるのです。

10分間にも満たないこの演習を行ってみてください。なぜなら、それは非常に強い効果を持ちうるからです。もし体が欲するなら、そのまま眠ってしまっても大丈夫です。それもまた、解放のプロセスの一部なのです。

③ 浄化作用のある光

あなたがスムーズな流れの中にいるとき、その流れと結びついた「軽やかさ」「解放感」「新鮮さ」という感覚が存在します。

その感覚の中にいると、ネガティブさと抵抗感がやさしく排除されます。

この浄化プロセスを促進してくれるひとつの方法は、これまで意識が到達しにくかった、見られないように潜んでいる暗い場所に光をもたらすことです。

内なる光を視覚化することは、意識を純粋な状態で実際に見ることができるようになるためのいちばんの近道です。

本当のことは目に見えません。

しかし、誰かが人生で光り輝いていると私たちが表現するとき、生命エネルギーと意識とが近しい関係にあることを意味しているのです。

座るか、もしくは横になってください。
（非常に疲れていてすぐに眠ってしまいそうなときは、このワークは避けてください）

視線を内側に向けてください。
（内側から体を感じるということです）

金色と白色の光の筋が、
体内を滝のように流れ落ちていくのを視覚化してください。

その光の筋は、頭のてっぺんから、ゆっくりと胸を通り、
両腕を通り、腹部に下りてくると二筋に分かれ、
両足に下りて行き、あなたの体を満たします。

金と白の光の筋が、足を通って体から出て行き、
地面へと入っていくのを視覚化してください。

次に、体に光を取り戻すのですが、今度は青い光を用います。
足元で青い光が生じ、ゆっくりと体を満たしていき、
頭のてっぺんから出ていく様子を思い描いてください。

その光が、見えうる限り高くまでのぼり、
そして宇宙空間へと突き進むレーザー光線となる様子を
視覚化してください。

この全プロセスを1分ほどで行います。
そしてこれを10回繰り返してください。

単純なバリエーションとしては、
静かに座って光を吸い込み、ゆっくり光を吐き出します。

金と白の光、青い光を交互に呼吸してもよいですが、
最後は全身を金の光で満たして終わってください。

そしてすべてを金の光で満たし、
あなたを超えて金のオーラが拡張するのを視覚化してください。

その日1日を、この光で覆われていることができるよう願ってください。

④ トーニング（音を出すこと）

音もまた、滞ったエネルギーを動かすパワフルなツールです。
身体的な感覚や感情は、音とつながっています。

悲しみはすすり泣きを引き起こし、幸せは笑いをもたらします。

これらは、内在しているエネルギーの「音による刻印」なのです。

そしてもしあなたがその刻印を見つけることができれば、エネルギーとつながることができるのです。

古く滞ったエネルギーに関しては、過去に何かが起きた時間や場所をたどろうとするよりも、その刻印を見つけるほうがずっと簡単です。

隠れたエネルギーを突き止め、解放するために音を用いる演習があります。


座るか、もしくは横になってください。

(できれば気兼ねなく音をたてられるような個室で行うことが望ましいです)


ゆっくり、力を抜いて、深く息を吸ってください。

吸った息が横隔膜の下に行き、
腹部のできるだけ深いところに行くのを感じてください。

（無理をしてはいけません。ただ、呼吸の感覚に従ってください）

息を吐くときに、低い声を出してください。

できるだけ長く、一定の調子で声を出します。

（低い音のハミングから始めるとよいですが、口を開けて行うとよいでしょう）

声はできるかぎり長く、息が切れるまで伸ばしてください。

音は腹部から生じ、口から出てくるようにしてください。

（「オーム」は効果的な音ですが、歌ったり詠唱しようとしたりしないでください。

それよりも、内在するストレスが、音とともに現れてくるようにしてください。

ここでの秘訣は、体が望むように音を出させてあげるということです）

トーニング（音を出す）には練習が必要です。

一度にふたつのことをしなくてはならないからです。

それは、音を立てると同時に、体の中を意識することです。
音自体に過剰に注意を払わないでください。
自然に音が出るのにまかせましょう。

よい例は、深いため息です。
ため息をつくとき、同時にうめきやうなりのような音を出すと、
ため息と音が結合します。

自然で、かつ無意識の音を立てるとき、
そのため息がどれだけ体に安心感をもたらしてくれるかを
感じることができるでしょう。

練習をしていくうちに、抑圧された感情や、

埋没させた経験と結びついている
多くの「音の刻印」を見つけることができるでしょう。

うめき、うなり、嘆き、叫び、金切り声、泣き声を
解放したいのかどうか、あなたの体はわかっています。

すべてを一度に噴出させることは不快なものですが、そうするのではなく、
もっと段階別の解放をもたらすような長い音を出すことができます。

たとえば、低いうめき声は、下腹部全体に届きます。
甲高い「イー」という音は、頭に届きます。
自分で実験してみれば、どんな音がどんなエネルギーに合うか
すぐにわかるようになるでしょう。

滞ったエネルギーを、スムーズに、そして継続的に音に合わせて放出させることに

breakthrough #5

よって、体を緊張から解きほぐす秘訣を一度身につけてしまえば、トーニングに限界はありません（無制限に音を出すことができるようになります）。

訳者あとがき

この本は最後、時間を味方につけるための4つのワークで終わっています。その理由は、本書が原著「Reinventing the Body, Resurrecting the Soul : How to Create a New You（体を再び発明し、魂を復活させる——新しいあなたを作る方法——）」の前半に当たる部分だからです。

原著は2009年に発売されて全米ベストセラーとなり、日本でも毎年、数々の出版社が日本語化を検討されてきましたが、本文の長さがネックとなり実現しませんでした。今回6年経って日本語版の出版が決定した際に、原著の内容をノンカットでお伝えするために前編と後編……言うなれば「ボディ編」と「ソウル編」の2冊に分けて提供されることになったのです。

本著の副題が「からだを思い通りにつくり変える方法」となっているのは本書がボ

ディ編だからです。

チョプラ博士の本拠地サンディエゴにあるチョプラセンターで開催されている5日間～7日間のセミナーでは、瞑想以外のワークが組み込まれることも時々ありますが、本著ではそういったセミナーで紹介されたことのない演習がたくさん盛り込まれていましたのでとても新鮮でした。

私自身もこれらの演習を実践していって、体を思い通りに作り変えてみようと思います！

自己診断できる設問形式の演習は本を読み進めながら実践できるものですが、3種類の瞑想ワークと最終章の時間を味方につけるための4つのワーク（瞑想と、声や音を出すものが含まれている演習）に関しては、音声ガイドをご用意しました。

本書巻末のURLアドレスをご参照の上、ダウンロードしてみてください。声や音を出すタイプのワークは一度聞けばおわかりになると思いますが、瞑想の音声ガイドは、日々、実践される際に利用していただければ幸いです。

さて、後編のタイトルはまだ決まっていないのですが、原著では「魂を復活させる」

の部分となります。
魂と脳のつながりや、魂に導いてもらう方法、楽に生きる方法、制限を超える方法、自己変容や願望実現についてなどなど、現実を思い通りに作り変える内容です。
是非、楽しみに待っていただきつつ、その間にボディを自由に作り変えられるようになって準備しておいてください。

おわりに、本著の日本語化を実現し、編集を担当してくださったフォレスト出版の杉浦彩乃さん、チョプラ博士の公式メールマガジンの翻訳ボランティアをしてくださりつつ、「LOVE～チョプラ博士の愛の教科書～」（中央公論新社）に続いて、本著の翻訳をともに行ってくださった水谷美紀子さんに心より感謝いたします。

2015年12月　渡邊愛子

[著者プロフィール]

ディーパック・チョプラ（Deepak Chopra）

医学博士。インド出身。代替医療のパイオニアであり、心と体の医学、ウェルビーイング分野における世界的第一人者であるとともに、人間の潜在能力分野における世界的に有名な指導者。1996年、カリフォルニアに自身の名を冠した「チョプラセンター」を設立。西洋の医学と東洋の伝統的な自然治癒法を統合させた癒しのメソッドを確立し、体と心を総合的に癒すための実践的なプログラムを提供している。心と体の健康、量子力学、成功法則などに関する著書は80冊を超え、24冊がベストセラー。43ヶ国で発行され、発行部数は4000万部を超えている。タイム誌発表の「20世紀の英雄と象徴トップ100」に選ばれ、「代替医療の詩人・予言者」と紹介される。CNNニュース他メディア出演多数。

多くの大学院で講師を務めながら各国の王室、大統領、首相経験者などの政界のリーダーたちや一流企業経営者たちのメンター役を務め、故マイケル・ジャクソン、レディー・ガガ、ミランダ・カー、マイク・マイヤーズ、マドンナ、デミ・ムーア、オリビア・ニュートン＝ジョンなど多くのハリウッドセレブたちからの信望が厚いことでも有名。クリントン元米大統領は訪印時、「アメリカは代替医療の先駆者であるディーパック・チョプラ博士に代表されるインド系アメリカ人の方々のおかげで豊かになった」と話し、ミハイル・ゴルバチョフ元ソビエト連邦大統領は、「チョプラ博士は間違いなく、われわれの時代で最もわかりやすく感銘を与える哲学者だ」と評した。

主な著書に『宇宙のパワーと自由にアクセスする方法』『宇宙のパワーと自由にアクセスする方法【実践編】』（ともにフォレスト出版）、『富と宇宙と心の法則』『迷ったときは運命を信じなさい』（ともにサンマーク出版）、『富と成功をもたらす7つの法則』（角川文庫）などがある。

〈ディーパック・チョプラ 公式WEBサイト〉
www.chopra.jp

装丁／小口翔平（tobufune）
本文デザイン／三森健太（tobufune）
DTP／山口良二
校正／鷗来堂、広瀬泉

[訳者プロフィール]

渡邊愛子（Aiko Watanabe）

日本初のチョプラセンター認定　瞑想ティーチャー。チョプラ博士の「原初音（げんしょおん）瞑想講座」を提供している。株式会社ボディ・マインド・スピリット代表取締役。2006年よりチョプラ博士の日本の窓口を務め、来日セミナー主催、「ディーパック・チョプラ 公式WEBサイト」「チョプラ博士の公式メールマガジン」「瞑想ドットコム」等を運営。訳書に『宇宙のパワーと自由にアクセスする方法』『宇宙のパワーと自由にアクセスする方法【実践編】』（ともにフォレスト出版）、『富と成功をもたらす7つの法則』（角川文庫）、監訳書に『チョプラ博士のリーダーシップ7つの法則』（大和出版）、『LOVE ～チョプラ博士の愛の教科書～』（中央公論新社）がある。また、字幕監修作品に「ディーパック・チョプラ プレミアムDVD-BOX」（TSUTAYAビジネスカレッジ）内の映画「富と成功をもたらす7つの法則」「内なる神を知る ～奇跡に満ちた魂の旅へ～」などがある。また、自身の著書として『世界のエリートはなぜ瞑想をするのか』（フォレスト出版）がある。

〈株式会社ボディ・マインド・スピリット〉
www.bodymindspirit.co.jp

水谷美紀子（Mikiko Mizutani）

慶應義塾大学法学部卒業後、編集などの仕事を経て、ロンドン大学大学院にてMA in art and archaeology修了。専攻はチベット美術史。インド、チベットの文化全般に興味があり、そうしたなかディーパック・チョプラ博士の著作にも出会う。株式会社ボディ・マインド・スピリットにて原初音瞑想講座修了。

あなたの年齢は「意識」で決まる

2016年2月2日　初版発行

著　者　ディーパック・チョプラ
訳　者　渡邊愛子　水谷美紀子
発行者　太田　宏
発行所　フォレスト出版株式会社
〒162-0824　東京都新宿区揚場町2-18　白宝ビル5F
電話　03-5229-5750（営業）
03-5229-5757（編集）
URL　http://www.forestpub.co.jp
印刷・製本　中央精版印刷株式会社

ISBN978-4-89451-697-7　Printed in Japan